水谷英夫

# セクハラ救済ハンドブック 20問20答

＊ 法制度を活用して明るい社会に ＊

信山社

# はじめに

「セクシュアル・ハラスメント」という言葉は、いまや毎日の新聞記事でも見かけない日がないくらい私たちの日常生活にとけ込んだ感じがあります。しかしながら現実には、「なぜセクシュアル・ハラスメントが問題とされなければならないのか？」「どのような行為がセクシュアル・ハラスメントか？」――といった事柄については、人々の認識はさまざまです。そしてまた、このようなことが職場や大学で起こった場合、誰がどのような法的責任を負うべきなのか？　企業や大学はどのような対策を考えるべきなのか？　といった点についての認識も未だ不十分であるように思われます。

「セクシュアル・ハラスメント」という言葉は、もともとは一九七〇年代にアメリカにおいて公民権運動と共に力を得てきたフェミニズム運動の中で生まれた造語ですが、わが国でも一九八九年にある女性雑誌が「セクシュアル・ハラスメント」に関する特集を組んだことを契機に、またたくまにセクシュアル・ハラスメントという言葉が社会に広がるようになりました。九〇年代に入ると行政等の相談機関へセクシュアル・ハラスメントに関する相談件数が激増するようになり、これに伴って裁判例も増加し、このような状況を反映して行政当局もセクシュアル・ハラスメント防止対策に乗り出すようになり、一九九九年四月には改正均等法、人事院規則が相次いで施行され、職場や教育研究の場におけるセクシュアル・ハラスメント防止対策が本格化するようになったのです。しかし他方では、依然としてセクシュアル・ハラスメントに対して、古くからの「偏見」や「誤解」等に基づいた「意見」が、しばしば新聞等のマスコミを通して著名な評論家や大学教授等によって述べられ、社会に少なくない影響を与え続けていることも無視できないものです。

本書は何よりも職場や教育現場、行政や弁護士会等で、日夜セクシュアル・ハラスメントの相談や被害解決にあたっている人々の日常的な相談や解決、裁判での取組み等に資することを目指して書かれた書です。本書ではこのような観点から、まず第一部では、「セクシュアル・ハラスメントとは何か？」「法的問題点は何か？」「その解決策はどのようなものか？」を明らかにし、第二部では、セクシュアル・ハラスメントに対する「偏見」や「誤解」に対して、私達はどのように考え解決を図っていくべきかを、均等法、人事院規則、今日までの裁判例等を紹介する中で明らかにしようと考えています。

本書がセクシュアル・ハラスメント問題の解決にいささかでも資することをねがってやみません。

二〇〇一年　晩秋

水谷　英夫

# Q1　セクハラは、どのようなことが問題とされますか？

［定　義］

第1部　セクハラ被害救済の基礎知識

A子さん（二五歳）は、会社に採用され一週間ぐらいして営業社員として自分の車で得意先回りをしていたところ、車に上司が乗り込んできて、「明日デートしませんか？」とデートに誘われ断り切れずに承諾したところ、「うれしいな、うれしいな」と言って太ももを約一〇分間も触られた。A子さんがセクハラとして訴えたところ、上司は彼女が入社直後でアドバイスをしようとしてデートに誘ったもので性的交際を求めたものではなく、太ももに触ったのはたまたまであり他意はないと争った。このような行為は許されるだろうか？

図表1　どのような行為がセクシュアル・ハラスメントか

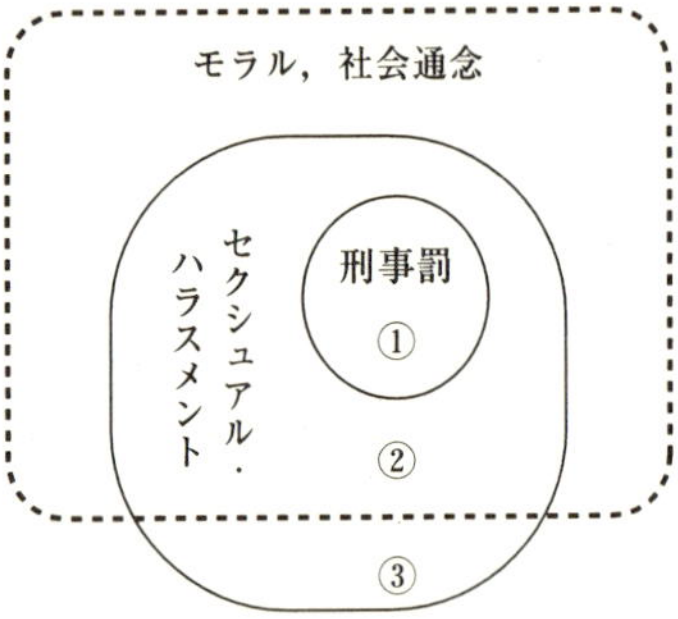


**A　「セクハラ」に該当し、違法不当な行為です。**

〈どのような行為が「セクハラ」か？　―人々の意識〉

セクシュアル・ハラスメント（以下単に「セクハラ」ということもあります）は多義的であいまいな概念で用いられていますが、一般には、「相手方の意に反する不快な性的言動」（均等法二一条、人事院規則一〇―一〇など）を意味するものと理解されています。セクシュアル・ハラスメントを考えるうえで一般にどのように理解され、どのように評価されているかを知ることが必要です。何故ならばセクシュアル・ハラスメントに対する評価は、しばしば当事者の主観や性差に左右されると言われてきましたが、これらも多くの場合、その時代や社会の人々が一般に考えたり信じている意識や信念（いわば「社会通念」）の影響を受けているものだからです（例えば「君は処女か？」とか「恋人はいる？」等と発言したり、ヌードポスターを職場の壁に貼ったりする行為は、少なくとも数年前までは、多くの人々――特に男性――にとっては、とりたてて問題とするに足らない行為とされてきました）。

今日私達が日常用いているセクシュアル・ハラスメントという言葉の中には、概ね次の三つの事柄が含まれています（図表1）。①暴行・脅迫などが伴った行為であり、犯罪として処罰の対象とされる性的言動――例えば「レイプ」、強制わいせつ等刑法犯に該当する行為や、性的うわさ等を流布して名誉毀損をする行為、のぞき・つきまとい（ストーカー）等の行為。②人々のモラルや価値観等社会一般の人々が共有する「社会通念」に反する行為であり、法的にも違法不当される性的言動――例えば「ホテルに行こう」等と言って性関係を強要したり、食事やデートに執拗に誘う等の性的誘惑や、卑猥な会話やヌードポスター等を職場に貼ったり、わいせつな文書を送りつけたりする等の行為。③人々のモラルや価値観等の「社会通念」に反するとまでは言えない行為であり、法的にも違法不当とまではされないものの、性差別等の意識に基づく（いわゆる「ジェンダー・ハラスメント」）ものとして望ましくないとされる（性的）言動――例えば職場で、女性にだけお茶汲みをさせたり掃除・私用等をさせる行為や、女性にカラオケでデュエットを強要したりお酌やチークダンスをさせたりする行為や、「男のくせに根性がない」とか「女には仕事が任せられない」等の性差別意識に基づく発言をする等の行為。

このように今日私達がセクシュアル・ハラスメントと呼ぶ行為の中には以上三つの事柄が含まれていますが、セクシュアル・ハラスメントに対する人々の意識の変化や、均等法・人事院規則等によるセクハラ対策の進展の中で、特に②③に対する社会的非難と規制が強められてきているのが今日の特徴となっているのです。

### 〈どのような「セクハラ」行為が「違法」なのか?〉

セクシュアル・ハラスメントと言っても、私達が社会一般で考えている「相手方の意に反する不快な性的言動」全てが法的規制の対象とされるわけではなく、個々の法律の趣旨・立法目的に沿って法的規制がなされていくことになります。したがって現実に法的規制の対象とされるのは、このようなセクシュアル・ハラスメントの行為の中の一定範囲のものということになるのです。前述した分類に従ってみましょう。

①　犯罪として処罰の対象とされる性的言動……暴行や脅迫等を伴う性的言動は、「相手方の意に反する性的言動」の極端な形態であり、これらの行為は全て重大な法秩序違反行為として、「加害者」は刑事処分の対象となり、かつ、民事上も相手方に肉体的・精神的被害を与えたものとして違法なものとされ、不法行為責任が問われることになります。このタイプの性的言動（レイプや強制わいせつなど）は従来から性犯罪として処罰の対象とされてきており、「今更セクシュアル・ハラスメントとして問題とする必要があるのだろうか？」という疑問があるかもしれませんが、実際に裁判で加害者の不法行為責任が問題とされるセクシュアル・ハラスメントの大半は①のタイプなのです（従来は出訴期間の制限等から刑事事件にならないことが多かった）。

②　人々のモラルや価値観等の「社会通念」に反し、かつ違法不当とされる性的言動……相手方が拒絶の意思を明確にしているにもかかわらず行う性的言動は、①と同様に法的秩序違反行為として、「加害者」は強制わいせつ等の刑事処分の対象となると共に、民事上も不法行為責任を問われることになります。また、相手方の拒絶の意思が明確ではなくとも、職場や大学等の上下関係を利用したセクシュアル・ハラスメントのように、相手方が拒絶できない状態でそれを利用して性的言動を行ったことが認められる場合には、「加害者」は刑事上も強制わいせつ等となる可能性がある共に、民事上も不法行為責任が認められることになります（もっとも従来この事実認定が極めて厳しかったことから、多くの「被害者」は「泣き寝入り」を余儀なくされてきたのです）。職場や教育現場等で最も問題とされるのはこのタイプであり、均等法や人事院規則は、もっぱらこのようなセクシュアル・ハラスメントを防止することに主眼をおいていると言えるでしょう。

③　人々のモラルや価値観等の社会通念に反するとまではいえないものの望ましくない性的言動……いわゆ

る「ジェンダー・ハラスメント」が典型であり、このタイプの行為は直ちに刑事責任や民事責任が発生するとまでは言えないものの、望ましくない行為として社会から排除されるべきものであり、今日少なくとも公務職場においては予防防止の対象とされるようになっています（人事院規則）。

このようにセクシュアル・ハラスメントは多様な意味内容を有するものですが、今日基本的には私達の社会から排除すべき行為として人々の共通の認識となっており、その多くは法的規制の対象とされていることに注目すべきでしょう。

〈本件行為は違法行為か？〉

どのような行為を違法不当なものととらえているかについて、わが国では一般にセクシュアル・ハラスメントが裁判で争いとなってきたのは、主として民事事件としてであり、その場合まず加害者本人の「加害行為」（不法行為責任）が問題とされ、そのうえで使用者（不法行為もしくは契約）責任が問題とされていると言えましょう。

セクシュアル・ハラスメントは「相手方の意に反する性的言動」であり、これによって相手方の性的自由等の人格的利益（＝人格権）や良好な雇用・教育・環境享受利益を侵害するものです。したがって裁判例では、このような場合について、「職場において、男性の上司が部下の女性に対し、その地位を利用して、女性の意に反する性的言動に出た場合、これがすべて違法と評価されるものではなく、その行為の態様、行為者である男性の職務上の地位、年齢、被害女性の年齢、婚姻歴の有無、両者のそれまでの関係、当該言動の行われた場所、その言動の反復・継続性、被害女性の対応等を総合的にみて、それが社会的見地から不相当とされる程度のものである場合には、性的自由ないし性的自己決定権の人格権を侵害するものとして、違法となる」（金沢セクハラ事件名古屋高金沢支判平八・一〇・三〇、最判小二一一・七・一六―巻末裁判例一覧12、55）とされているのです。これはセクシュアル・ハラスメントが、相手方の受け止め方を出発点とすることから（＝相手方の意に反する不快な性的言動）、違法性の判断に際しても相手方の主観的な要素が入ることがさけられないことによるものであり、この場合、当事者の関係が大きなウェートを占めることになるのです。

したがって本件についてもこのような観点から違法判断がなされることになり、女性従業員が勤務先の葬儀会社の会長から本件のようなセクシュアル・ハラスメント行為をうけた事案について、「行為の態様は一見悪質でも悪ふざけの類として許される事案もあれば、行為の態様は軽微でも被害者が置かれた状況等によれば、その人格を侵害し、重大な損害をもたらすものとして、厳しく指弾されなければならない事案もある。被告会長の行為は、行為の態様自体はさして悪質ではないものの、偶発的なものではなく、原告に対して再発の危惧を抱かれるものであり、その人格を踏みにじるものであるから、社会的にみて許容される範囲を超え、不法行為を構成する。被告会長の行為は、一回的なもので、反復・継続的なものではなく（ただし、原告が会社を辞めない限り、同様の行為が繰り返される不安はあった）、また、原告の明示的な拒絶を無視してなされたものではなく、態様も必ずしも悪質ではないが、原告と被告とはそれまで交際していたわけではなく、したがって本件行為は、原告に対する余程の侮りがなければなし得なかったものであり、原告が受けた精神的苦痛は甚大である」（大阪セクハラ事件（葬儀会社）大阪地判平八・四・二六―巻末裁判例一覧９）としたものがあり、本件はまさにセクシュアル・ハラスメントとして違法とされるものです。

## Q２　セクハラは、どのような場合問題とされるのですか？

［成立要件］

B子さん（三〇歳）は、入社直後から会社の事務所内で社長から、胸や腰を触られたり、スカートの中に手を入れられる等の性的行為を受けていたが我慢して働いていたところ、約三週間経過したころ、飲食に誘われ、その帰途モーテルに連れていかれベットに押さえ込まれて衣服を脱がされる等して強引に性交渉を持たされ、退職を余儀なくされた。社長はこれに対して職場での行為は一切否定し、モーテルでの行為についても、彼女が同意をして積極的にキスをしたり、性交渉の際も口淫をしたり、性交渉が終わった直後は「社長としちゃった」と発言する等しており、性交渉は「合意」であったと主張した。どのように考えるべきか？

**A**

「合意」は弁解であり、社長の責任は明確です。

〈「セクハラ」の判断はむづかしい?〉

セクハラで訴えた場合の、「加害者」の「常とう文句」は概ね次の二つです──その一「私はやっていない！」「身に覚えがない！」、その二「あれは同意だ！」「彼女とは恋愛関係にあった！」……。このような「加害者」の「抗弁」若しくは「いいわけ」にはそれなりの「理由」があるのです。つまりセクシュアル・ハラスメントという「社会」現象と「被害者像」にかかわる問題です。

セクシュアル・ハラスメントの中でも、とりわけレイプや強制わいせつ等の行為は、勤務時間や施設の内外を問わず、その多くが第三者等の目撃者がいない、いわば「密室」で行われることから、大半の性犯罪と同様に、「加害者」側はセクシュアル・ハラスメントの事実自体を否定することが多いのです（わずか数分間の行為について、「加害者」がセクシュアル・ハラスメントの事実を否定し争った裁判例として秋田県立農短事件秋田地判平九・一・二八など──巻末裁判例参照）。

更にこのような行為は、「密室」で行われるだけでなく、しばしば部下や学生が、上司や指導教官の性的要求を拒絶できずにそれを受け入れて性的関係が形成されることがあり、このような場合、学生や部下が「被害」を訴えても、「加害者」は「合意があった」「恋愛関係だった」、更には「彼女から誘われた」等と主張して、「性的強制」の事実を否定するのが通例です。しかもこのような場合、「被害者」が「被害」の最中抵抗しなかったり、その後もしばらくの間は第三者に「被害」事実を告げなかったりすることがあり、私達の通常の日常的な行動パターン（被害に遭ったら抵抗し、直ちに第三者に告げるものだ！　横浜セクハラ事件一審判決、横浜地判平七・三・二四──巻末裁判例一覧５）とは異なる行動をとることが多いのです。このようにセクシュアル・ハラスメントの事実の判断には独特の困難を伴っているのです。

〈「セクハラ」の事実はどのように判断するか？〉

（一）「密室」での行為は？　セクシュアル・ハラスメントの「有無」自体が争いとなる場合、目撃者等の第三者がいない場合、結局のところは当事者である「加害者」と「被害者」のどちらの言い分が正しいか？信用すべきか？　ということになります。したがって当事者の言い分が全く食い違っているような場合、客観的な事実に基づいて判断せざるを得ないことになります。裁判では例えば、当事者の日頃の言動（「加害者」が「被害者」に対して日常的にセクシュアル・ハラスメント行為を行っていたか？「被害者」が「加害者」に個人的な恨みを抱いていないか？　会社に訴えたり、裁判をおこす必要性があったか？　など）や、当事者の主張の一貫性、詳細さ、具体性などから客観的事実を判断しています。例えば、病院の洗濯係の女性が上司からセクハラをされたとして訴えた事件で、裁判所は、

（ｉ）原告の供述内容が全くの虚偽であるとすると、原告が被告を陥れる目的を有していたとか、原告が虚言癖のある人物であることが考えられるが、そういうことは認められない。

（ii）被告は、勤務時間中に（他の）女性職員の乳房の大きさや体型のことや、女性職員の配偶者との性交渉のことなどを話題にすることが度々あった（女性の乳房は大きいほうがよいとか、触ったら気持ちいいだろうなとか、性交渉の体位を尋ねるなど）。

（iii）被告は（ii）の点につき、全く記憶がないと繰り返すのみであり、性的な事柄になると記憶が欠落するという不自然な供述態度に終始している。

と述べて、セクハラの事実を認めています（兵庫セクハラ（国立Ａ病院）事件神戸地判平九・七・二九―巻末裁判例一覧22）。このような裁判例は、「密室」でのセクハラの事実認定に参考となるでしょう。

**（二）性的関係は「合意」か「強制」か？**　一般に性的関係は極めて主観的・個人的な事柄であり、したがって当時の当事者間の人的関係がどのようなものであったか（例えば上司と部下の関係が、恋人関係だったか？　単なる上下関係に過ぎなかったか？　長期に及んでいたか？　それまでの関係が短かったかなど）が重要な判断要素されることになります。例えばバドミントン部の女性選手が協会の役員からレイプされその後も性関係を強要され続けたとして訴えた事件で、裁判所では、

> （ｉ）被告は妻子があるにもかかわらず原告と付き合ったうえ、同じ頃他の女性にもキスをする等の性的言動をしており、原告と愛し合っていて、性関係の継続を精神的に強要したことはないという主張は信用し難い。
> （ⅱ）原告は被告から結婚したいなどと言われ、被告の言葉を信じようとして、被告との性関係を継続したにすぎない。
> （ⅲ）性的被害者は恥ずかしさに加え、合意のうえではないか、落度があったのではないか等の理由から、警察への届出をためらうことも多い。
> （ⅳ）原告は、被告の社会的地位からみて、被告との関係を公にすると選手生命を奪われるかもしれないとの恐怖心から、口外しなかったものである。

と述べて女性の主張を認めています（熊本セクハラ事件熊本地判－巻末裁判例一覧21）。性的関係が「合意」に基づくものか、「強制」によるものかの判断要素として参考になる事例と言えましょう。

〈本件では「セクハラ」が認定されるか?〉

本件では女性社員と被告との人的関係、日頃の言動から「セクハラ」の事実認定をすることになるでしょう。同様の事案について、次のように述べて、女性社員の主張を認めた裁判例（千葉セクハラ事件－巻末裁判例一覧30）が参考となるでしょう。本件では社員の女性社員へのセクハラは認定されることになります。

（ⅰ）原告は被告会社に勤め始めたばかりで被告とは仕事上の用件以外には格別の話もしていない間柄であり、他の上司も同席している場所で、被告の膝に乗らんばかりに擦り寄って、股間にまで手を伸ばす等の破廉恥な態度をとることはにわかに首肯しがたい。

（ⅱ）仮に被告に対して好意を持っていると受けとられる態度が原告に見られたとしても、両者の年齢（当時原告は二二歳、被告は四一歳）や立場、勤務を始めてからまだ三週間足らずにすぎないことを考慮すると、原告が遊びたい気持ちでいると受けとめて、モーテルに行こうと考えることは飛躍に過ぎる。

（ⅲ）モーテル内で原告が被告の言いなりになった部分があるからといって、原告の年齢、被告との関係、両者の立場や性別、体格等の相違といった事情を考慮すると、原告が徹底して抵抗するのが当然というように考えることはできず、原告が被告との性交渉を求めていたとか、同意していたとは評価できない。

# Q3 セクハラはなぜ問題とされるようになったのですか？

**［ある日の職場での会話］**

C（課長）：いやーまいったなー、今日も上司にしかられてしまったよ。
D（女性部下）：どうしたんですか？
C（課長）：うん、僕がEさん（入社して一〇日目のC課長の部下）にセクハラをしたと言って、Eさんの同僚から苦情があったと言われたよ。
D：何をしたんですか？
C：君も知っての通り、Eさんが入社してきたので歓迎会をやったあとの二次会でEさんとカラオケを一緒に唄ったんだけど、それがセクハラだと言うんだよ。
D：あの時は課長も相当酔っていて、Eさんにカラオケを「デュエットしよう」としつこく誘ってましたよ。
C：カラオケでデュエットするぐらい普通じゃない。別にEさんのお尻に触ったわけでもなく……。
D：それがセクハラだと言うんですよ。この間も会社のセクハラ防止の講習会で話があったじゃないですか？

Ｃ：あー、あの講習会ね。僕は疲れていて居眠りをしていたから、あまりよく覚えていないけど、そんなことを言っていたのかなー？。

Ｄ：課長、そんなことでは、Ｅさんに訴えられますよ。

Ｃ：そうか……ちょっとまずいことをしたのかな？　それにしても昔はこんなことなかったのにな。やりずらいよ……。それにしてもセクハラなんていつから問題にされるようになったんだろう。

Ｄ：そんなことではいつまでたってもわが社からセクハラがなくなりませんよ。セクハラが何故問題とされるようになったのか課長もきちんと勉強する必要がありますよ。

Ｃ：わかったよ。ところでどういうことなの？

〈セクハラのルーツ〉

「セクハラ」はいつごろ、どのような形で問題とされるようになったのでしょう？

職場などでの上司から部下に対する強制わいせつ、レイプ等の性的暴力や虐待は、以前からあった問題であり、それ自体はとりたてて「新しい」問題とは言えないものですが、こうした問題は近年に至るまで各国において長い間、公然化することも、法的規制の対象として自覚性に議論されるということもありませんでした。これにはいくつかの理由が考えられますが、性犯罪がしばしばそうであるように、性的要求・圧力等は隠然と行われることから立証が困難であり、しかもこの種の行為に対する法的・社会的評価は、各個人の感情、態度、行動表現に対する感受性にも左右されることが大きく、したがってこれらの行為の「被害者」が表ざたにしても周囲からまともに取り上げられず、むしろ訴える側に問題があったようにみられ、「被害者」は二重の屈辱（今日「セカンド・レイプ」として問題とされている）を味わうことが多かったことによるものでしょう。

セクシュアル・ハラスメントという主張は一九七〇年代のフェミニズム運動の中で生まれた造語ですが、そのきっかけは、アメリカのある調査機関がニューヨークで女子労働者を対象にセクシュアル・ハラスメントに関する実態調査をしたところ、七割もの女性達が「いやらしい言葉を発せられたり、いやらしい目で全身を眺められたり、身体や手などに触れられたり、抱きつかれたり、むりやりキスやセックスを迫られたりする」等の何らかのセクシュアル・ハラスメント行為を経験し、働くうえで深刻な問題として考えている、という人々の予想を超える調査結果が発表されたのでした。このような実態調査を知るに及んで、人々はセクシュアル・ハラスメントに関する問題は、個人的な問題ではなく、職場等で集中的に発生する、構造的な性格をもったものであると考えるようになったのです。

フェミニスト達は、とりわけ、職場における「不快な性的言動」——例えば、雇用関係上の影響力・決定権限を有する者（主として男性上司）が、その雇用関係上の力関係を背景として、部下の女性に性的な関係を迫り、それが拒否されるとその腹いせとしてクビにするといった極めて卑劣な行為を典型とする——は、社会的にも、法的にも、違法不当なものとして非難されるべきものであり、かつ社会全体から排除されるべきものであると主張して告発を開始したのです。フェミニスト達は、「セクシュアル・ハラスメント」は個人的に我慢していればなくなるものではなく、（働く）女性全体に加えられた攻撃であり、性暴力・性差別の一部を構成するものであると主張して積極的に裁判所に訴えたのです。

こうして一九七〇年代後半には、セクシュアル・ハラスメントは雇用上の性差別として公民権法第七編の使用者責任が認められるようになり、やがてまもなく教育現場においても大学等の責任が認められるようになりました。更に一九八〇年には、ＥＥＯＣ（雇用機会均等委員会）が、雇用における性差別を禁止した公民権法第七編の中にセクシュアル・ハラスメントを盛り込んで、具体的なガイドラインを作成し、八六年には連邦最高裁も、労働環境を悪化させるセクシュアル・ハラスメントを性差別とし、会社に使用者責任を認めるという画期的な判決を下すに至ったのです。

このようにアメリカ社会では、八〇年代から九〇年代にかけて、職場・大学等におけるセクシュアル・ハラスメントは女性に対する社会的・構造的な性差別の反映であり、性暴力の一部を構成するものとして、社会的に排除されるべきものであるとの認識が一般化するようになり、同時にヨーロッパ諸国をはじめ国連等の国際社会でもセクシュアル・ハラスメントが性差別・性暴力として社会的に排除されるべきであるとの認識のもとに、その対策に取り組むようになってきたのです。

### 〈わが国のセクハラ対策の現状〉

このような欧米諸国におけるセクシュアル・ハラスメント法理の発展の影響を受けて、わが国にも八〇年代後半にセクシュアル・ハラスメントという言葉が導入され、八九年には流行語大賞にもなりましたが、当初は世論の受け止め方も冷ややかなものであり、むしろ一部のフェミニストや「女性活動家」達の問題、関心にとどまっていたと言えましょう。

しかしながら九〇年代後半に入り、わが国のセクシュアル・ハラスメント問題は新しい局面に入っており、今日それは三点にまとめることができるでしょう。

第一は、セクシュアル・ハラスメントに対する人々の意識の変化という点です。今日多くの人々は、セクシュアル・ハラスメントが単に個人の趣向や性向などといった問題ではなく、セクシュアル・ハラスメントの被害を受けた人々（特に女性達）の人格的利益を侵害するだけでなく、職場や教育環境をも侵害する社会的・法的にみて違法不当な行為であるという認識を共有化しつつあるということです。第二は、セクシュアル・ハラスメント被害の顕在化という点です。近年、各種行政機関等へのセクシュアル・ハラスメントに関する相談や被害の訴えが激増し、それと同時に、被害を受けた人々が裁判所に訴えるケースも急増しており、それと共に直接の加害者のみならず企業の使用者責任を問う例も増えており、しかもそのほとんどでセクシュアル・ハラスメントの法的責任が認められた裁判例が増加しているのです。第三は、行政・企業・大学等のセクシュアル・ハラスメント対策の本格化という点です。特に一九九九年四月一日施行された改正均等法に事業主の「配慮義務」が明記され、同時に施行された人事院規則一〇―一〇がより広範なセクシュアル・ハラスメント防止の責務を職員・各省庁に負わせ、違反した場合には懲戒処分があり得るとしており、これらを受けて企業や大学が就業規則・行動規範・ガイドライン作りの取り組みを強めています。これら三点は相互に関連し影響しあいながら、わが国のセクシュアル・ハラスメント問題に新しい動きを作ってきていると言えましょう。そこでそれらの内容について、次項以下でもう少し詳しく述べてみましょう。

# Q４ セクハラを社会からなくすための法制度はどうなっていますか？

## ――その一［民間の場合］

Ｑ１でＡ子さんが上司の行為を使用者に訴えたのに使用者側はＡ子さんと上司とを呼び事情聴取をしたところ、上司はＱ１のような弁解をしてセクハラなどしていないと争った場合、使用者はどうしたらいいのだろうか？　使用者がＡさんと上司との言い分がくい違うとして調査をそのまま打ち切ったり、プライバシーに関することとして上司を処分しなくても、使用者は責任を負うことはないのだろうか？

〈「セクハラ」と均等法〉

職場や大学等でなんらかの「意に反する不快な性的言動」が行われ、法的にみて違法不当なものとみなされる場合、行為者本人は民事上の責任だけでなく、場合によっては刑事上の責任を問われることになり、更に会社や大学等は使用者責任が問われることになるでしょう。またセクシュアル・ハラスメントの行為者本人は、企業秩序違反として懲戒処分の対象とされたり、事業主も均等法違反に問われることになるのです（図表２）。

**図表２　改正均等法上のセクシュアル・ハラスメント**

均等法が規定するセクシュアル・ハラスメント（概ね◯の部分）の主な要素

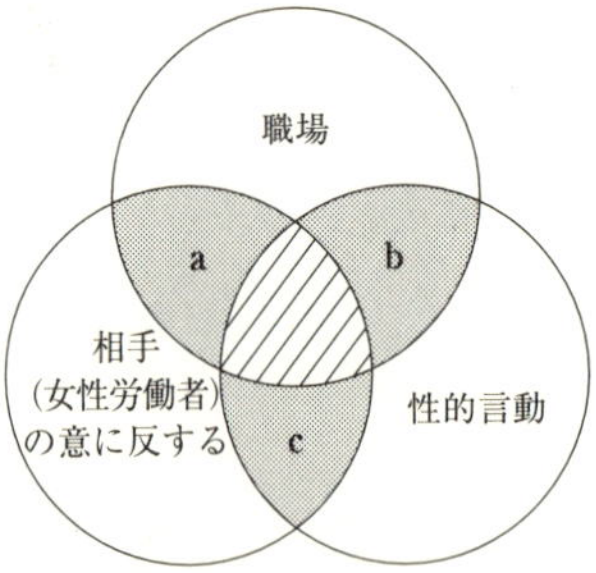


aのグレーゾーンの例（？）
・お茶くみの強要
・女性に対する「ちゃん」づけ

bのグレーゾーンの例（？）
・女性の同意のある肩もみ

cのグレーゾーンの例（？）
・任意参加の宴席での性的言動

そこで、ここでは均等法に規定されている使用者の「配慮義務」について考えてみることにしましょう。

改正均等法二一条（一九九九年四月一日施行）により、わが国ではじめて法律によりセクシュアル・ハラスメントに定義が与えられ、それに対する対策が講じられることになりました。同条一項によって、事業主は、「職場において行われる性的な言動」によって、雇用する女性労働者が「労働条件につき不利益を受け」たり、「就業環境が害されることのないよう雇用管理上必要な配慮をしなければならない」という「配慮義務」を負うこととなりました。そして均等法に基づく行政指導基準とされる「指針」では、「『性的な言動』とは、『性的な内容の発言』と『性的な行動』を指し、『性的内容の発言』には、性的な事実を尋ねる事や性的な内容の情報を意図的に流布すること等が、『性的な行動』には性的な関係を強要すること、必要なく身体に触ること、わいせつな図画を配布すること等が含まれる」こととされました（これらの「性的な言動」には、女性労働者がその労働条件につき不利益を受ける「対価型」と、就業環境が害される「環境型」という二つのタイプがあるとされました）。

このように、均等法が規定するセクシュアル・ハラスメントの特徴は、その対象が職場における女性労働者に限定され、また「性的言動」には性差別意識に基づくいわゆるジェンダー・ハラスメントは含まれず、事業主の責任を発生させるセクシュアル・ハラスメントの範囲を、いわゆる「対価型」と「環境型」の二つの形態に類型化すると共に、後述する通り「配慮義務」の法的効果を事業主に対する行政指導にとどめているという点にあります。したがって改正均等法が定義する「セクシュアル・ハラスメント」は、図表2のように、①「職場」における、②「相手」方（女性労働者に限定）の意に反して行われる、③「性的言動」、の三つが重なり合った斜線部分ということになるのです（それ以外のa、b、cはいわゆるグレーゾーンとして、事業主の「配慮義務」の範囲に含まれるか否かが、争いとなるでしょう）。

なお、改正均等法と同じく施行された改正労働者派遣法四七条の二により、派遣先に均等法二一条が適用されることになった結果、派遣元事業主のみならず、派遣先事業主にも、派遣スタッフに対するセクシュアル・ハラスメント防止の「配慮義務」が課されることになりました。一般に職場では、派遣スタッフは正社員と比してさまざまな差別を受ける傾向があり、特に短期間の派遣契約に対するセクシュアル・ハラスメントをはじめとするさまざまないじめや嫌がらせ等を防止する義務を派遣先事業主が負うことは、派遣スタッフの良好な労働条件を維持するうえで重要なことです（もっともその義務が「配慮義務」にとどまっているという問題点は後述しましょう）。

〈均等法の法的効果〉

均等法は事業主に対し、職場におけるセクシュアル・ハラスメント防止の「配慮義務」を課していますが、「指針」ではその具体的内容として以下の三点あげています。

（i）方針の明確化及びその周知・啓発――具体的には、①社内パンフレット等に、職場におけるセクハラに関する事項を記載し、配布すること。②服務上の規律を定めた文書に職場におけるセクハラに関する事項を記載し、配布または掲示すること。③就業規則に職場におけるセクハラに関する事項を規定すること。④職場におけるセクハラに関する意識を啓発するための研修・講習等を、労働者に対して実施すること。

（ii）相談・苦情への対応――具体的には、①相談・苦情に対する担当者をあらかじめ定めておくこと。②苦情処理制度を設けること。③人事部門との連携等により円滑な対応を図ること。④あらかじめ作成したマニュアルに基づき対応すること。

（iii）発生時の迅速かつ適切な対応――具体的には、①相談・苦情に対応する担当者が事実関係の確認を行うこと。②人事部門が直接事実関係の確認を行うこと。③相談・苦情に対する担当者と連携を図りつつ、専門の委員会が事実関係の確認を行うこと。④事案の内容に応じ、配置転換等の雇用管理上の措置を取ること。⑤就業規則に基づく措置を講ずること。

なお、事業主はこれらの「配慮義務」を履行する際に、プライバシーに配慮し、不利益取り扱いをしてはならないとされています。

事業主がこのような「配慮義務」を怠って均等法に違反する行為があった場合、各都道府県労働局長は事業主に対して求報告、助言、指導、勧告という行政指導をすることができます（均等法二五条、施行規則一八条）。なお、均等法二一条は、民間事業所並びに地方公共団体に適用されることになっていますが、地方公務員の場合、職場内の苦情申し立て・相談等は人事委員会又は公平委員会への苦情・相談・行政措置要求、不利益処分申請、懲戒若しくは分限手続きによることになります（地公法八・二八・二九条など）。

図表3　均等法の「配慮義務」と使用者の民事上の「職場環境配慮義務」

| 「義務」内容 | | 均等法の「配慮義務」 | 使用者の民事上の「職場環境配慮義務」 |
|---|---|---|---|
| 事前措置 | 「規定」整備義務 | ○ | ○ |
| | 施設整備義務 | × | ○ |
| セクシュアル・ハラスメント行為防止義務 | | × | ○ |
| 事後措置 | 調査義務 | ○ | ○ |
| | 被害拡大回避義務 | ○ | ○ |
| | 被害回復義務 | ○ | ○ |

このように均等法による事業主の「配慮義務」違反は行政指導の対象となりますが、では「被害者」が同法二一条違反を理由に事業主を相手どって裁判をすることはできるのでしょうか？　これは均等法に規定する「配慮義務」の法的性格をどのように理解するか（いわゆる「裁判規範性」）という問題ですが、今日までの判例、通説では、均等法二一条は裁判規範性を有しないものと理解されており、したがって均等法二一条の規定を根拠として裁判に訴えることは困難と思われます。では均等法は行政指導の根拠とされるだけで、セクハラの「被害者」が、裁判で使用者や加害者本人を訴える場合に何の役にも立たないものなのでしょうか？

そもそも使用者には、雇用契約上従業員に対して良好な職場環境を整備すべき義務があり（＝職場環境整備・配慮義務）、均等法が規定する「配慮義務」は、このような「職場環境配慮義務」を概ね確認する内容のものとなっています（図表3）。したがって均等法に規定された事業主の「配慮義務」は、それ自体としては「裁判規範性」を有しないもの、実際の裁判において、これらの規定がセクハラの違法性判断、使用者責任の有無に大きな影響を与えることになります。つまり事業主が均等法上の「配慮義務」を尽くしていない場合には、企業は「職場整備・環境配慮義務」違反として使用者責任を問われる可能性が高くなり（例えば沼津セクハラ事件静岡地判平一一・二・二六―巻末裁判例一覧47）、他方、事業主が均等法上の「配慮義務」を尽くしている場合には、企業の使用者責任が免責される判断材料の一つとされることになるでしょう。

職場における一切の性差別を排除するという観点に立った場合、均等法は限定的で中途半端な立法であり（均等法がモデルにしたとしたアメリカの公民権法は、職場における一切のセクシュアル・ハラスメントを禁止し、使用者責任も明確にしている）、将来的には、均等法に規定するセクシュアル・ハラスメントをより包括的なものとし、かつ「被害者」が同法の規定に基づいて使用者に対して損害賠償や作為請求ができるように改正すべきでしょう。しかし、現行均等法の規定のもとでも、事業主が「配慮義務」を怠っている場合には、使用者責任を追及する場合の義務違反を推定するものとして援用することが可能と言えましょう。

### 〈本件での事業主責任は？〉

均等法は事業主の「配慮義務」の内容として、指針（iii）で発生時の迅速かつ適切な対応として「事実関係の確認」をあげています。この場合、事業主は単に本人を呼んで事情聴取をすればよいということに尽きず、例えば、双方の主張がくい違った場合などには（セクハラは「密室」での行為である→Q２参照）、双方の日頃の態度や言動の一貫性、更に同僚や友人などの第三者などからも事情聴取を調査することが要請されており、本件ではこのような調査を怠ったものとして、均等法違反だけでなく使用者責任を問われることになるでしょう。

# Q５ セクハラを社会からなくすための法制度はどうなっていますか？

## ――その二［公務員の場合］

Ｆさんは郵便局に勤めていたところ、先輩Ｇから仕事が終わった後に食事誘われ、仕事を教えてもらう立場もあり、二・三度応じていたところ、ある日、暗がりで突然抱きつかれた。そこでＦさんはその後Ｇの誘いを断ったところ、仕事中にＧから「その態度は何だよ、先輩に向かって少しは考えろ」などと怒鳴られる等のいじめを受けるようになり、そのことを上司Ｈに言っても何もせずに放置され、とうとうノイローゼ状態となり病院で治療を受けながら出勤している。何とかならないのだろうか。

### 〈「セクハラ」と人事院規則〉

公務職場におけるセクハラは、改正均等法施行と同時期の九九年四月一日に施行された人事院規則一〇―一〇（セクシュアル・ハラスメントの防止等）で規制されることになりました。人事院規則は、直接的には国家公務員を対象として、人事行政の公正さや職員の能率確保等を目的としたものですが、人

図表４　人事院規則上のセクハラの主な要素

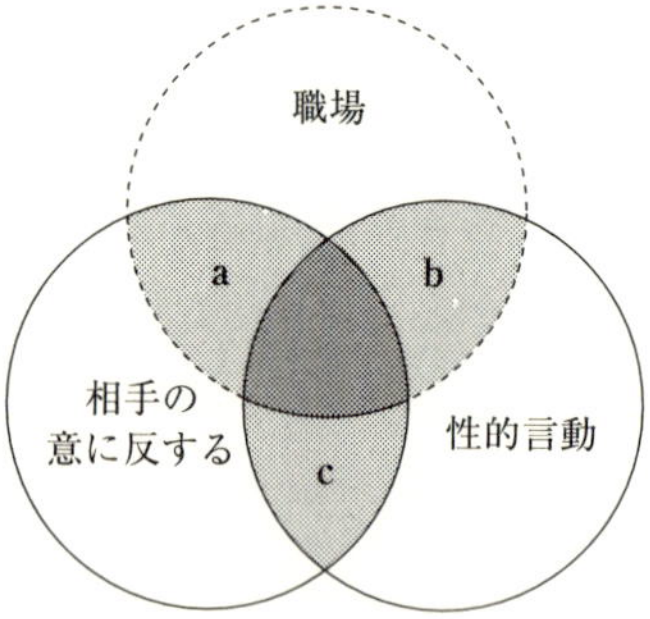


事院規則はセクシュアル・ハラスメント防止を各省各長の責務としたことから（四条）、各省庁も独自のセクシュアル・ハラスメント防止規定を作成し（例えば文部省の規定）、更に人事院規則の運用指針（＝通知）は、セクシュアル・ハラスメントに関し詳細な規定をおいたことから、人事院規則は、国・地方の行政官庁のセクシュアル・ハラスメント対策に大きな影響を与えています（地方公務員には均等法が適用されるものの、苦情申立等は地公法による—Ｑ４参照）。

〈人事院規則の定義〉

均等法と比して人事院規則の特徴は、性的言動としての「セクシュアル・ハラスメント」と、それによる雇用環境の悪化等を「セクシュアル・ハラスメントに起因する問題」と区別したうえで、その対象、規制範囲を拡大したことです。人事院規則の運用指針では、セクシュアル・ハラスメントとされる「性的な言動」とは、「性的な関心や欲求に基づく言動」をいい、その中には「性別により役割を分担すべきとする意識に基づく言動」、即ち、性的差別意識や優越意識に基づく言動（いわゆるジェンダー・ハラスメント—例えば「女に仕事が任せられない」等の発言や、「男の子、女の子」等と人格を認めないような呼び方をする

図表５　セクシュアル・ハラスメントの人的・物的範囲

| 物的範囲＼人的範囲 | 職　場　内 | 職　場　外 |
| --- | --- | --- |
| 職　員 → 職　員 | ○ | ○ |
| 職　員 → 非職員 | ○ | ×（？） |
| 非職員 → 職　員 | ○ | ×（？） |
| 非職員 → 非職員 | ？ | ×（？） |

こと、女性にだけ職場でお茶くみ、掃除、私用等を強要することなど）も含まれることとされたのです。これを図示すると図表４のようなものとなり、均等法ではグレーゾーンとされたもの（a、b、c）は概ね、人事院規則ではセクシュアル・ハラスメントに該当するものとして規制対象とされることになったのです。人事院規則の規定するセクシュアル・ハラスメントの定義は、我々が日常用いているセクシュアル・ハラスメントの用語法とも概ね一致し妥当なものといえます。

また人事院規則はセクシュアル・ハラスメントの対象として男性も含むこととしています。一般に「意に反する不快な性的言動」は、女性に限らず男性に対してもあり得るもので、セクシュアル・ハラスメント防止対策の対象となる職員を女性に限定する必要はなく、人事院規則の規定は妥当なものでしょう（特に公務労働者には平等扱いの原則が定められていることからもこのような規定の仕方は妥当なものです。国公法二七条、地公法一三条）。

更に人事院規則は、セクシュアル・ハラスメント対策の対象となる性的言動について、均等法と異なり場所・時間を限定していません（同法は「職場」に限定している）。既に述べてきたとおり、セクシュアル・ハラスメントは、いわゆる「アフター５」のような職場外でのプライベートな時間帯で、勤務場所外でも、職場の上下関係や人間関係が実質的に存在することによって引きおこされるものであり（本件もそのような例であり、むしろそのようなことが常態化しているともいえよう）、このような対処は妥当なものといえ、総じて、人事院規則の方が、改正均等法の規定よりもセクシュアル・ハラスメントの実態にも合致し、防止策としてより妥当な方向性を示していると言えるでしょう（図表5）。

**〈人事院規則の法的効果〉**

人事院規則は、職員、各省各庁の長、監督者等それぞれに以下に述べる通りセクシュアル・ハラスメント防止対策の責務を課しています（均等法は、セクシュアル・ハラスメント予防等の責任を「事業主」に限定して「配慮義務」を規定しています）。

**（一）　職員の責務**　人事院規則は指針で（i）セクシュアル・ハラスメントをしないようにするために職員が認識すべき事項、（ii）職場の構成員として良好な職場環境を確保するために認識すべき事項、（iii）セクシュアル・ハラスメントに起因する問題が生じた場合において職員に望まれる事項、の三点に亘って詳細に規定し、「セクシュアル・ハラスメントの態様等によっては信用失墜行為、国民全体に奉仕者たるにふさわしくない非行などに該当して、懲戒処分に付されることがある」旨述べています。人事院規則（指針）が規定するセクシュアル・ハラスメントの内容は、既に述べた通り、均等法が述べるものよりも広範なものとなっており、その内容も法的にみて当然に違法不当とされるもの（例えば性的関係を強要したり、浴室や更衣室等をのぞき見する等、刑事罰の対象となるもの）から、いわゆるジェンダー・ハラスメント（「男のくせに根性がない」「女には仕事は任せられない」など）とされるものまで多様ですが、これらのうち、少なくとも刑事法規に違反するものや民事上不法行為を構成する行為（図表1）を職員が行った場合、当該個人は刑事・民事の法的責任を追及されるだけでなく、懲戒処分（場合によっては分限処分——国公法七八条など）を受けると共に、右行為について国等が、契約上若しくは不法行為上の使用者責任を問われることになるでしょう（民法一五条・七〇九条・七一五条、国賠法一条。例えば兵庫セクハラ事件神戸地判平九・七・二九など—巻末裁判例一覧参照）。

**（二）　各省各庁の責務**

人事院規定は、（ア）セクシュアル・ハラスメント防止等に関する方針の明確化と職員への周知徹底、（イ）職員に対する研修等の実施、（ウ）勤務環境の整備、（エ）苦情・相談体制の整備、（オ）苦情・相談に対する迅速・適切な対処をあげ、とりわけ事後措置である（エ）（オ）の苦情・相談に対して留意すべき事項を指針で詳細に規定しています。本来各省各庁は、職員に対する「使用者」（最終的には国が使用者責任を負う）として、雇用契約上の義務である職場環境配慮義務の内容としてのセクシュアル・ハラスメント防止義務を負っており、また職員が非職員に対して加えたセクシュアル・ハラスメントについても、不法行為上の使用者責任を負っています（民法七一五条、国賠法一条—この場合は免責規定もない）。これらの事項は使用者が負う右義務を確認するものであり、セクシュアル・ハラスメント防止義務の中でも、とりわけ事後措置としての調査義務、被害回復拡大回避義務を怠ることによる使用者責任の重さから、（エ）（オ）の事項を詳細なものとしているといえましょう。したがって各省庁が、これらの事項に述べられていることを無視若しくは怠っている場合、あるいはそれによって職員（若しくは非職員）に対してセクシュアル・ハラスメントが行われた場合、職員（もしくは非職員）は各省庁に対し慰謝料等の損害賠償（国の債務不履行若しくは不法行為責任）、行政措置要求（国公法八六条）、不服申立て（同九〇条）等を行うことができることになります。

**（三）　監督者の責務**

人事院規則は監督者の責務として、「良好な勤務環境を確保するため、日常の執務を通じた指導等によりセクシュアル・ハラスメントの防止及び排除に努めるとともに、セクシュアル・ハラスメントに起因する問題が生じた場合には、迅速かつ適切に処理しなければならない」（規則第五条二項）と規定して、公務職場におけるセクシュアル・ハラスメント防止対策の中心的担い手と位置づけています。したがって、各職場の監督者には、職員が職務に専念できる良好な勤務環境を確保するために、勤務環境を害するセクシュアル・ハラスメントを未然に防止するとともに、発生したセクシュアル・ハラスメント問題の迅速な処理にあたるという重要な役割が求められることになります。

「監督者」は、前述した国が負う職場環境配慮義務の内容をなす「セクシュアル・ハラスメント防止義務」の現実的な履行義務を負う履行補助者であることから、これらの者が右義務を怠った場合には、監督者個人のみならず国等がセクシュアル・ハラスメント防止義務違反として契約責任若しくは不法行為責任を問われることになり、人事院規則はそのような監督者の義務を確認的に規定したものといえます。

**〈本件では誰がいかなる責任を負うか？〉**

先輩ＧのＦさんに対する行為が、人事院規則に定めるセクシュアル・ハラスメントに該当することは明らかであり、Ｆさんは人事院に対して、不快な行為の停止や勤務の環境の改善を求める等の行政措置要求等ができる他、人事院規則に違反する行為をしているＧに対し懲戒処分の申立や民事刑事の法的責任を追及することができます。また直属の上司Ｈは、Ｆさんの申立を放置した結果被害を拡大しており、監督者としての責務を怠っており、これもまた人事院規則に違反する行為であり、Ｆさんは、Ｈ個人のみならず国に対して契約責任若しくは不法行為責任の申立てをすることができます。

# Q６

## セクハラについて、誰がどのような責任を負うのだろうか？
### ――その一【個人の場合――ある日の法律事務所での会話】

**Ｉ子さん**：私が会社に勤めはじめて一ヵ月ぐらいすると、営業所長Ｊは、職場で二人きりになった際に私の肩や髪をなでるようになり、半年ぐらいたったところで、二〇分間も私をだきしめて、下腹部を押しつけてきたんです。それで私必死に抵抗したんですが、他の人に知られると思って声を出すことができなかったんです。

**Ｋ弁護士**：なるほど。それからどうなったんですか？

**Ｉ子さん**：それでも私が抵抗するものですから、Ｊは「ああ気持ちよかった」なんて言って私から離れていきました。それから一週間くらいは何となくボーっとして仕事も手につかなかったら、同僚のＫさんが心配して相談にのってくれ、やっとＪからの仕打ちを打ちあけたところ、Ｋさんはとても憤慨して、いっしょに営業所長Ｊに抗議したところ、一度は「悪かった」と謝罪したのに、その後、「記憶ない」なんて開き直って、私に仕事をさせないようになり、私はとうとうノイローゼ状態になり、会社をやめてしまいました。

**K弁護士**：会社には直接申し入れをしたんですか？

**I子さん**：いいえ、会社に言うとますます営業所長から報復されるような気がして言わないまま辞めてしまったのです。

**K弁護士**：均等法で事業主（会社）には職場内でのセクシュアル・ハラスメント防止の「配慮義務」が課されており、苦情等の申立てがあったことを理由に、解雇等の不利益取扱いは禁止されているんですよ（Q4参照）。もちろん、営業所長Jとあわせて会社の使用者責任を追及することも可能です。

**I子さん**：会社の責任追及もして欲しいのですが、会社はもう辞めてしまったので、私にとってはむしろ上司としての地位を利用して私にセクハラをしたJ営業所長が許せないのです。しかもJ営業所長は、私に対するセクハラの事実すら否定して、今でも同じ職にとどまって仕事をしているのが許せません。何とかして下さい。

**K弁護士**：わかりました。会社の責任については後でお話するとして、まずJに対する法的責任の追及方法について検討しましょう。

**〈セクハラに対する個人責任〉**

職場や大学等でセクシュアル・ハラスメント行為が行われ、法的にみて違法不当なものとみなされる場合、行為者本人の法的責任としては、通常、以下に述べる通り、（一）刑事責任、（二）民事責任（不法行為若しくは契約）、（三）懲戒等の組織上の責任が問題とされることになります。

（一）　刑事責任　セクシュアル・ハラスメントの刑事責任が問題とされる場合、レイプ等の性的行為は強姦罪（刑法一七七条）、強制わいせつ罪（一七六条）等が、性的うわさ等の性的言辞は名誉毀損罪（二三〇条）等が問題とされます。強姦、強制わいせつ罪等の構成要件である「暴行又は脅迫」について、わが国の判例・通説は、「客観的にみて相手方の抵抗を著しく困難にする程度」とされており（最三小判昭二四・五・一〇など）、その認定も比較的厳格な解釈・運用がなされる傾向にありました。しかも大学や職場における上下関係を利用・乱用して、主として上司や指導教官から部下や学生等に加えられる「セクシュアル・ハラスメント」は、既に述べた通り、拒絶の意思が不明であったり、第三者等の目撃者のいないいわば「密室」で行われることが大半で（Q２）被害の立証が難しかったり、従来これらの犯罪は親告罪で告訴期間が六ヵ月と短期間であったことから（刑法一八〇条）、被害者が告訴に及んだ際には告訴期間を経過していたりして（この種の被害者はしばしば告訴もためらう）、従来刑罰法規は、職場等におけるセクシュアル・ハラスメントに対する制裁機能を果たしてこなかったといえます。

しかし、近日女性に対する暴力が問題とされるようになり、ドメスティック・バイオレンス（夫や恋人からの暴力）やストーカー行為（つきまとい等）に対する刑事制裁が立法化されると共に、強姦・強制わいせつ等の性犯罪の告訴期間が撤廃され（二〇〇〇年六月八日から）、セクハラに対する刑事責任の追及が容易になってきました。また性的強制（＝暴行又は脅迫）の程度についても、身体のみならず、心理的に抵抗できない状態も含まれるとの解釈・運用がなされており、例えば被害者が、暴行・脅迫行為により心理的に抵抗する気力を失っている状態に乗じて強制わいせつや強姦をしたような場合のように、被害者が（物理的若しくは心理的）抵抗ができない状態にあることが認定されれば、具体的に抵抗したか否かにかかわりなく犯罪が成立するものとされています。刑法が強姦罪等によって保護しようとしてる法益は、性的自由等の人格的利益であり、これらの刑罰法規の趣旨は、相手方の任意的意思によらずその身体にわいせつ行為に及ぶことを禁止することであり、したがって暴行等の物理的手段のみならず、相手方に対して不利益を及ぼしうる立場にある者（例えば、上司・教授・医師など）が、地位・身分を利用・乱用して、相手方の意思を抑圧する行為は、心理的手段の一態様として刑事処分の対象とされるのです（準強制わいせつ、準強姦罪）。

**（二）　民事責任**　セクシュアル・ハラスメントの個人（不法行為）責任が問題とされる際、当該性的言動が不法行為として違法性を有するものか否かの判断がなされることになります。特にセクシュアル・ハラスメントは、相手方の受け止め方を出発点とすることから（＝相手方の意に反する不快な性的言動）、違法性の判断に際しても相手方の主観的な要素が入ることが避けられず、この場合、当事者の関係（対応を含む）が大きなウエートを占めることになるのです。したがって、セクシュアル・ハラスメント行為の違法性判断に際しては、多くの裁判例も、性的言動の具体的様態（時間・場所・内容・程度など）、当事者相互の関係（行為者である男性の職務上の地位、両者のそれまでの関係など）・対応などを総合的にみて、「社会的見地から不当とされる程度のものである場合」に、「性的自由ないし性的自己決定権等の人格権を侵害」するものとして違法性判断をしています（前掲金沢セクハラ事件―巻末裁判例一覧4、12、55）。

当該性的言動が「社会的見地から不相当とされる程度」については、結局のところ社会通念によることになり、とりわけセクシュアル・ハラスメントの違法性判断は、その時代や社会の性モラルと深く結びつかざるを得ず、それだけに客観的な基準づくりが求められているといえます。そこで具体的な行為態様については、いくつかのタイプに分類して違法性判断をしていくことになり、具体的には（一）性関係強要（強姦、強制わいせつ等の暴行・脅迫を伴って相手方の身体に接触したり、姦淫したりする行為）、（二）不快な身体接触（キスや身体に抱きつく等、暴行・脅迫となるとはいえないものの相手方の同意のない不快な行為）、（三）不快な性的発言・態度（食事やデートの執拗な誘い、ヌードポスター等の貼付、トイレののぞきなどの行為――なお、「女のくせに」等のいわゆるジェンダー・ハラスメントも一応このタイプに分類することが可能であろう）、（四）報酬・報復を意味する発言を伴った性的言動や性的要求を拒絶したことに対する報復等、に分類してそれぞれの違法性判断をすることが有益でしょう。なお、大学や職場等でのセクシュアル・ハラスメント行為について、「セクシュアル・ハラスメント」という言葉が登場する以前の裁判例では、（一）ないし（二）は主として刑事事件として問題とされてきており（例えば、「春木」事件最一小判昭五三・七・一二など）、（三）（四）はほとんど裁判例に登場することがありませんでしたが、九〇年代に入って民事事件として「セクシュアル・ハラスメント」裁判として問題とされたものの大半も、（一）（二）の類型に属するものです。

（三）　懲戒処分　　企業や大学等の構成員（従業者、職員、学生等）が、他の構成員や第三者にセクシュアル・ハラスメント行為を行い、それによって人格的利益や職場（教育研究）秩序を侵害した場合、職場秩序違反としての懲戒若しくは契約上の義務違反を問われることになり、職場内の就業規則やセクハラ防止法等の諸規定に基づいて懲戒処分に付されたり、あるいは契約違反を理由として解雇等の対象とされることになるでしょう。

**〈本件の個人責任は？〉**

J営業所長は、刑事責任（強制わいせつ）、民事責任（慰藉料など）、懲戒処分いずれについても責任を追及されることになるでしょう。同種事案で女性社員が男性上司を訴えた事件で、裁判所は以下のように述べて、営業所長の個人責任と認定した事例が参考となります（前掲横浜セクハラ事件東京高判平九・一一・二〇――巻末裁判例一覧25）。

（ⅰ）原告（女性社員）は被告（男性上司）からの約二〇分に亘るわいせつな行為に対して、何の抵抗も示さなかったというわけではなく、被告が原告の防御の姿勢に合わせて執拗に右行為を続けたものであり、原告の対応は必ずしも不自然なものとは言い難い。

（ⅱ）特に職場における性的自由の侵害行為の場合には場での上下関係や同僚との支配関係を保つための抑圧が働き、原告が事務所外へ逃げたり、悲鳴を上げて助けを求めなかったからと言って直ちに、原告本人の供述が不自然であると断定できない。

（ⅲ）原告は右行為の直後同僚に具体的に説明していないが、右行為により心理的に深刻なショックを受けて何も考えることができなくなっていたのであり、男性の同僚に具体的に説明することには精神的に抵抗があり、必ずしも不自然とは言えない。

（ⅳ）男性の営業所長が、仮に瞬間的にせよ他に人のいない営業所内において両手を女性従業員の背中に回し無言で抱きしめるという行為は、気分が高揚していたとはいえ、上司と部下が仕事上の「喜びを分かち合う」行為としては極めて不自然である。

# Q７　セクハラについて、誰がどのような責任を負うのだろうか？

## ――その二［会社の場合］

Ｑ６の場合、Ｉ子さんが会社の使用者責任を追及した場合はどうなるのだろうか？　Ｉ子さんが営業所長Ｊのセクハラについて会社に苦情申立てをしていた場合と、していない場合で違いがあるのだろうか？

### 〈セクハラと使用者責任〉

セクシュアル・ハラスメントによって相手方の人格的利益や雇用契約上の利益等何らかの法的利益が侵害された場合、加害者本人が不法行為責任（民法七〇九条）を問われるだけでなく、雇用や教育現場等で行われた場合には、企業や大学等の使用者責任が問題とされることになります。ところで従業員が、他の従業員などに加えたり、取引先や顧客などの第三者から加えられるセクシュアル・ハラスメントは、本来職務とは無縁の私的行為であるにも関わらず、使用者責任が問題されるのは何故なのでしょうか？

元来、従業員が雇用契約において労務を提供するためには、使用者の指揮命令に服さざるを得ず、従って従業員の身体や労働環境も、使用者の配慮いかんによっては深刻な影響を受けざるを得ないことになります（自衛隊車両整備工場事件最三小判昭五〇・二・二五）。したがって使用者は、雇用契約上、従業員に対し労務の提供に関して良好な職場環境の維持確保に配慮すべき義務（＝職場環境配慮義務）を負っており、このような義務の一内容をなすものとして「セクシュアル・ハラスメント防止義務」（＝労働者の労働条件・環境がセクシュアル・ハラスメントにより害されないよう防止・配慮すべき義務）が存するといえます。使用者がこのような義務に違反して職場においてセクシュアル・ハラスメントを発生させている場合には（例えば職場にヌードポスターが貼られて従業員にとって不快な職場環境になっている）、使用者は是正義務を負い、また右義務に違反して従業員の労働条件等に不利益が及んだり、人的被害が発生した場合には損害賠償義務を負うことになります。均等法で規定された事業主の「配慮義務」として指針で定められている事項は、概ねこのような使用者の職場環境配慮義務を確認するものといえます。このような使用者の「セクシュアル・ハラスメント防止義務」については、裁判例においてさまざまな法的アプローチがとられてきていますが（民法七〇九条・七一五条・四一五条など）、従来裁判で問題とされるものは、セクシュアル・ハラスメントの「加害者」が、本件の営業所長Jのように、使用者自身若しくは上司などの「履行補助者」によるものであり、使用者責任が明白な事案でした。これらの問題状況を表にすると図表６の通りとなりますが、今日までの裁判例で問題とされてきたのはもっぱら（A）の場合でした。

### 〈使用者責任の法的構成〉

そこでここでは、職場におけるセクシュアル・ハラスメントに関して、使用者責任として裁判例で最も多用されるアプローチである民法七一五条に基づく法的構成についてみてみましょう。企業や大学等は、従業員や教職

**図表6　セクシュアル・ハラスメント――問題状況と法的責任**

〈セクシュアル・ハラスメントの問題状況〉

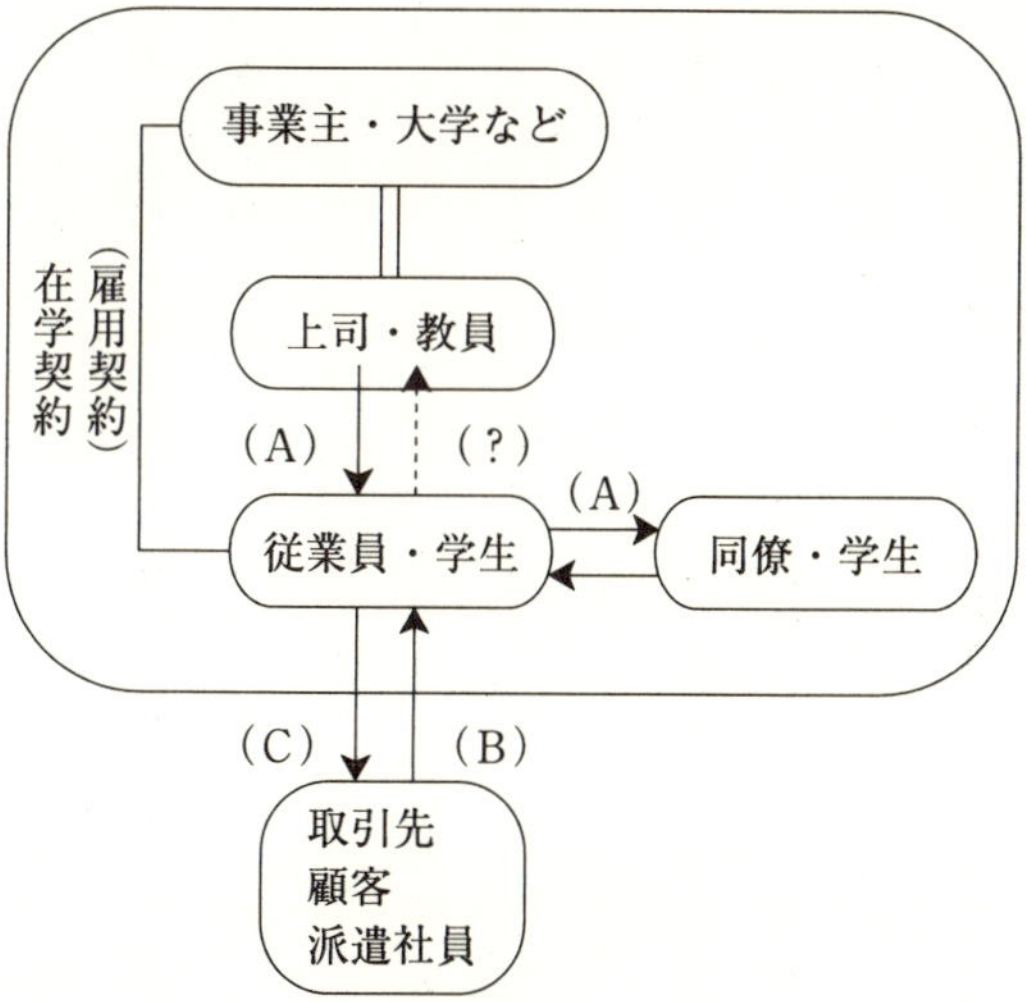


員が同僚や学生に不快な性的言動をした場合、その全てについて責任を負うわけではないものの（例えば勤務時間外に、同僚の男性職員が、日頃から片思いをしている同僚の女性職員の自宅でののぞき見等のストーカー行為をした場合、ストーカー規制法の対象とされるものの、直ちに使用者責任が問題とされるわけではない）、勤務時間内や施設内、あるいは仕事に藉口してセクシュアル・ハラスメントを行った場合は、「事業ノ執行ニ付キ」第三者に損害を加えた場合に該当し、使用者としての損害賠償義務を負うことになるのです。ところで、民法七一五条で問題とされる「事業ノ執行ニ付キ」は、一般に広く解されており、「被用者」が職務執行行為の遂行過程で付随しておこした加害行為のみならず、職務執行行為を逸脱・乱用しておこした加害行為であっても、「その行為の外形から観察してあたかも被用者の職務の範囲内の行為に属するものとみられる場合」には、使用者は

民法七一五条の使用者責任を負うものと解されており（最判昭四〇・一一・三〇）、また喧嘩などの事実行為についても、「事業の執行行為を契機とし、これと密接な関連を有すると認められる」ものについては使用者責任が認められています（被用者同士の勤務時間中の喧嘩について、最判昭四六・六・二）。

したがって、セクシュアル・ハラスメントのようないわゆる事実的不法行為が、「事業ノ執行ニ付キ」に該当する行為か否かは、一般的には「事業の執行行為を契機とし、これと密接な関連を有すると認められるもの」、即ち、当該セクシュアル・ハラスメント行為と使用者の事業との関連性の有無・程度によって判断されることになり、その際、当該セクシュアル・ハラスメント行為に対する使用者の関与度や防止努力の有無・程度、セクシュアル・ハラスメント行為が勤務時間内か外か、企業施設内か外か等が総合的に考慮されることになるのです（前掲金沢セクハラ事件―巻末裁判例一覧4、12、55）。

職場や大学等におけるセクシュアル・ハラスメント行為は、職場等の上下関係、支配従属関係を利用・乱用したり、職務に付随若しくは藉口して相手方の意に反する不快な性的言動を行うものであり、このようなセクシュアル・ハラスメントの特性に着目した場合、「事業ノ執行ニ付キ」の具体的指標としては、①セクシュアル・ハラスメントの「加害者」と「被害者」との上下関係、支配従属関係の相当性、若しくは②セクシュアル・ハラスメント行為と「事業」と関連の相当性を問題とすべきことになります。従って例えば、会社の社長等の幹部職員が、部下の女子従業員を執拗にデートに誘ったり、身体に触る等の不快な性的言動をした場合のように、当事者間に支配従属・上下関係がある場合には、当該行為が勤務時間や施設内外で行われていたか否かを問わず、地位利用・乱用したものとして、「事業ノ執行ニ付キ」の行為として使用者責任が認められることになるでしょう。他方、男性社員が同僚の女性社員に、執拗にデートに誘ったり、身体に触る等の不快な性的言動をした場合のように、当事者間に支配従属関係が存在しない場合には、当該行為が勤務時間中や職務の遂行過程の行為と認められる場合や使用者に被害者が苦情申立てをしているにもかかわらず放置した場合には、「業務ノ執行ニ付キ」の行為とされることになるでしょう（東京セクハラ事件東京地判平一一・三・一二など―巻末裁判例一覧参照）。職場や大学等のセクシュアル・ハラスメントはこれらの二つの事例の中間形態として多様な形態をとってあらわれることになりますが、今日までの裁判例の大半は前者に属するものです。

〈本件での使用者責任は？〉

職場や大学等で行われるセクシュアル・ハラスメントは、社会学的にみると、性差別・性蔑視を背景とし、上司と部下、教官と学生等の組織内における指揮命令関係や、上下関係を利用・乱用したり、職務遂行に付随したり藉口したりして行うものであることから、まず企業や大学等の使用者責任は、当該組織内での、セクシュアル・ハラスメント行為の「加害者」と「被害者」の上下関係、支配従属関係の有無・程度が問題とされることになりますが、同時に当該行為が「事業の執行行為を契機とし、これと密接な関連を有する」ものであるか否かも重要な判断要素となってくるのです。

裁判例では、会社の社長、上司、教官等の幹部職員が、従業員、部下、学生等にセクシュアル・ハラスメント行為を行った場合は、当事者間の支配従属・上下関係が強い関係にあり、勤務時間や施設の内外に行われたか否かを問わず、自ら地位・権限を利用・乱用して行ったものとして、「事業の執行に付き」なされた行為とされる傾向にあります。本件と類似の事案として、女子社員（原告）が、上司（営業所長）から一連のセクシュアル・ハラスメントを受けて退職を余儀なくされたとして、上司の不法行為責任と会社の使用者責任、不法行為責任を追及した事件で、裁判所は次のように述べて、上司の不法行為責任並びに会社の使用者責任を認めています。

①　上司の不法行為責任
上司の性的行為はいずれも勤務時間中に、部下と二人きりの際敢えて行った行為であって、原告の性的事由及び人格権を侵害する一連の不法行為を構成し、民法七〇九条に基づき損害賠償責任がある。

②　会社の民法七一五条に基づく使用者責任
(i)　上司の原告女性に対する前記不法行為は、いずれも、事務所内において、営業所長である上司によりその部下である原告に対し、勤務時間に行われ、又は開始された行為であり、原告の上司としての地位を利用して行われたものと言うべきであり、営業所長の右不法行為は、会社の事業の執行行為を契機とし、これと密接な関連を有する行為というべきであり、会社は民法七一五条に基づき、営業所長の使用者として損害賠償責任を負うというべきである。

(ii)　会社は、営業所長の行為は個人的な行為で、職務と何ら関係なく行われたものである旨主張するけれども、右に判示したような同人の行為の外形から見て、事業の執行行為を契機として、これと密接な関連を有する行為と判断すべきものである以上、そのような行為に出た動機が同人の個人的な満足のためのものであったとしても、そのことは右認定を左右するものではない。

したがって本件では、営業所長ＧがＩ子さんとの上下関係を利用して行っており、Ｉ子さんが会社に苦情申立てをしていたか否かにかかわりなく、本件では会社の使用者責任が問われることになるでしょう。

# Q８ セクハラ救済の対策・方針はどのようにしたらよいのだろうか？

## ──その一［事前措置］

〈セクハラ方針の明確化〉

**K**（社長）：それにしても、この間のセクハラ裁判には参りました。わが社は従業員から職場のセクハラを放置していたと訴えられて裁判で負けるし、新聞にはさんざん書かれて大恥をかきました。二度とこんな目にはあいたくないです。先生、どうしたらいいですかね。

**L**（顧問弁護士）：それは難しいことではないんですよ。会社としてセクハラ対策をきちんとしておくことです。改正均等法二一条（九九年四月施行）にも事業主の「配慮義務」を規定しています。その行政指導基準である「指針」では、セクハラの未然防止に関する事業主の方針の明確化では、社員への周知・啓発の具体例として、①社内報やパンフレット等に職場におけるセクハラに関する事項を記載し、配布すること、②服務上の規律を定めた文書に職場におけるセクハラに関する事項を記載し、配布または掲示すること、③就業規則に職場におけるセクハラに関する事項を規定すること、④職場におけるセクハラに関する意識を啓発するための研修・講習等を労働者に対して実施すること、をあげていますよ（Q４参照）。

K：その程度のことはわが社でもやっているんじゃないのかな……。

L：Kさんの会社のセクハラ対策はかなりおざなりだったんですね。裁判で問題になったセクハラも、「被害者」の女性から苦情申立てがあったのに十分な調査をせず、「加害者」の上司の処分もせずにうやむやにしたため、「被害者」の女性から会社が訴えられたわけですよ。

### 〈セクハラの「加害者」を懲戒処分できるか?〉

K：じゃあ……。会社はどうしたらいいんですか?

L：やはり、会社のセクハラ防止の方針・姿勢を明確にすることです。そのために一番効果的なのは、きちんと就業規則等でセクハラを禁止し、違反者は懲戒処分にすることを明らかにすべきですよ。具体的には、けん責・出勤停止・減給・降格・諭旨解雇・懲戒解雇といった処分内容と、これに対応する処分事由を特定して記載することです。セクハラ被害の深刻さを考えると、例えばレイプや強制わいせつ行為若しくは上司の立場を利用して強制的に性的関係や性的接触をした従業員は懲戒解雇や諭旨解雇の制裁を課すべきですよ。

K：しかし、そんなことをして、「加害者」からかえって会社が訴えられることはないのかなあ。

L：もちろん、懲戒処分にして争われたケースがありますが、今あげたような例では、会社側が勝訴しています。例えば、コンピューターの保守点検の請負会社の男性社員が派遣先会社の女性従業員に職場で強制わいせつ行為としたことが原因で請負契約を解除されたことから、派遣元会社が男性社員を懲戒解雇したところ、男性社員は、セクハラはなかった、会社は十分な調査もしていないで懲戒解雇をしたと争った事例があるんです。裁判所は次のように述べて懲戒解雇を有効としていますよ（コンピューターM・S事件東京地判平一

○・一二・七―巻末裁判例一覧41)。

① 原告（男性社員）のセクシュアル・ハラスメント行為

(ⅰ) 原告は平成七年末ころから、Ａ商店（派遣先会社）に勤務するＢ（女性従業員）女に対し、残業時に肩をさわったりブラジャーに手をかける行為をするなどし、更に平成八年三月中旬頃には、Ｂ女が残業を終えて帰ろうとしていたところ会社内のエレベーター内で抱きついて胸にさわり、同年四月中旬には、残業を終えて事務室を出ようとしたＢ女に抱きつく等の行為をくり返したことから、Ｂ女はやむなくその直後、上司に原告の行為を報告するに至った。

(ⅱ) 右のとおり、原告のＢ女に対する一連の行為は、Ｂ女が不快感を示していたにもかかわらずなされたもので、その態様も執拗かつ悪質であり、Ｂ女に相当程の苦痛と恐怖を与えたものである。

② 懲戒処分の事由

(ⅰ) 原告の右行為の結果、ついにＢ女は上司に訴えるところまで追いつめられたのであり、被告会社の顧客であるＡ商店が、社長自らが被告会社に赴いて苦情を負わなければならない程度にまで至っていたのであるから、原告の行為が、Ａ商店においてその職内の風紀秩序を著しく乱し、ひいては被告会社の名誉・信用を著しく傷つけたことは否定できないというべきである。

(ⅱ) なお原告の行為は、被告からの派遣先の職場におけるものであるが、原告は、被告会社の従業員であり、Ａ商店は被告から指定された就労場所であるから、派遣先においても被告会社の指揮命令に服さなければならないことはもとより、原告には懲戒処分含めて被告会社の就業規則が適用されることは当然である。

③　懲戒解雇手続　被告会社は原告に対し、具体的な事実を指摘して弁明の機会を与えており、手続きは相当であって有効である。

**Ｋ**：なるほど。じゃあ具体的にはどんな規定がいいのかしら？

**Ｌ**：例えば次のようなのはどうでしょう。

・他の従業員に対して不当に退職を強要したとき（セクシュアル・ハラスメントによるものを含む）
・会社の秩序を乱すような噂等を流したとき（セクシュアル・ハラスメントのケースも含む）
・職場において暴行・脅迫・監禁その他社内の秩序を乱す行為を行ったとき（セクシュアル・ハラスメントのケースを含む）
・職場において職責などの地位を利用して性的な強要を行ったとき
・職場において他の従業員の業務に支障を与えるような性的言動を行うなどの社内の秩序または風紀を乱したとき

**〈セクハラの内容〉**

**Ｋ**：だいぶわかってきたけど、やっぱりセクハラの内容が今いちピンとこないんだけどねえ。

## セクハラ・チェックリスト!!

以下45項目のうち、あなたの職場では幾つ該当しますか？

□部下が交際に応じないので、仕事中に無視した。
□部下の女性が交際に応じないため、解雇した。
□人事権をちらつかせて部下に性的関係を迫った。
□性的関係がないと仕事で協力ができないと迫った。
□交際中の部下と別れたので、退職勧奨した。
□交際中の部下の人事考課を良くした。
□出張先で部下の女性に性的関係を迫った。
□車の中で部下の手に触った。
□商談の際に性的関係を条件にされた。
□性的な経験について１回尋ねた。
□性的な経験について何回も尋ねた。
□女性社員の胸やお尻に一回軽く触った。
□女性社員の胸やお尻に毎日のように触った。
□昼休み一人で社内で週刊誌のヌード写真を見た。
□昼休み同僚と社内で週刊誌のヌード写真を見た。
□社内にヌードカレンダーを貼った。
□容姿に関することについて誉めた。
□容姿や肉体に関することについてあれこれ言う。
□服装について「センスがない」等と発言した。
□女性社員のプロポーションをじろじろと眺めた。
□男性同士、大声で性的な会話をした。
□女性社員に下着の色を聞いた。
□社内や取引先の社員と異性との仲を噂した。
□社内や取引先の社員と性的な噂を意図的に流した。
□会社の行事において女子社員に水着を着用させた。
□女性社員を「女の子」「おばさん」等と呼んだ。
□女性社員のみに私用をさせた。
□女性社員のみにお茶くみをさせた。
□接待で女性社員にお酌を強要した。
□「女性には仕事を任せられない」と発言した。
□「まだ結婚しないのか」と尋ねた。
□「子供はまだか」と尋ねた。
□「女性は職場の花でよい」という趣旨の発言をした。
□「女性は女性らしく」という趣旨の発言をした。
□面接時に、結婚しても働くのかと尋ねた。
□勤務時間終了後、飲酒にしつこく誘った。
□懇親会で、いやがるのに酒を勧めた。
□懇親会の座席を男性上司の隣にするよう強制した。
□懇親会で酔って女性社員の身体に触った。
□懇親会の後で、部下に性的関係を迫った。
□社員旅行で、女性に浴衣着用を強制した。
□社員旅行で、女性社員に裸踊りを見せつけた。
□休日に自宅に電話し、何度も交際を迫った。
□取引先との懇親会に同席を依頼した。
□取引先社員が宴席で、女性社員の身体に触るのを見て見ぬふりをした。

（労働省「職場におけるセクシュアルハラスメントに関する調査研究会報告」より）

**L**：じゃあ、社員に次のようなセクハラ・チェックをしてみて下さい。上に掲げた四五項目の一つでも該当するケースがあれば、セクハラとして問題にされると考えられています。特にセクハラの裁判では、会社の社長などの代表者本人が加害者として訴えられることが多いですから、Ｋさんも気をつけて下さい。

**K**：私はセクハラなんかしたことがないよ。

**L**：そう思っていることが問題なのです。社長自らがきちんと会社のセクハラ防止の方針を出すことが大事なんですよ。

**K**：わかりました。今後会社としてもきちんと対策をたてましょう。

# Q9 セクハラ救済の対策・方針はどのようにしたらよいのだろうか？

## ――その二［事後措置］

〈セクハラの被害〉　M子、N子、O子の三人は久しぶりに会って話しています。

**M子**：私、今無職なの。

**N子・O子**：あれ？　この間まで、あなた国の出先機関の役所に勤めていたんじゃない？　もっとも非常勤スタッフだったと思うけど。

**M子**：うん実は、私この間、私の仕事の指導をする担当者から仕事の問題で話がしたいと言って食事に誘われて、帰りがけに急に後ろから抱きつかれたの。それからもたびたび食事に誘われてるものだから、その担当者の上司に相談したところ、その上司からも食事に誘われ、それも断ったところ、任用の更新拒否をされてしまって、今無職なの。

**N子・O子**：エ～！　何言ってるの。それってヒドイ！　セクハラじゃない。役所に訴えたの？

**M子**：うーん。そうも思ったんだけど、仕返しされるのがこわくてやめてしまったの。今更と思って……。

**N子（派遣社員）**：私も、実は同じように派遣先の会社の上司から髪を触られたり、肩をもまれたり、腰を触られたりして、「やめて下さい」と抗議すると、「あいさつがわりだよ」とごまかされるし、派遣契約を切られる不安があって、抗議もできずに過ごし、不快に感じながら仕事しているわ……。

**O子（正社員）**：実は私もなの。入社直後から男性上司に帰宅途中後をつけられたりされて、同僚の男性に相談したところ、その人とデキてるんだろうなんて根も葉もない噂を吹聴されて、すごくショックを受けて困っているの……。会社に訴えても、M子さんのように仕返しされると恐いし……。今の仕事は比較的気に入っているし……。

**M子・N子**：うーん。皆職場でセクハラに遭って困って入るんだ。どうしたらいいんだろう。一度専門家に相談してみようか……。

**〈使用者の職場環境配慮義務〉**　M子・N子・O子の三人は、知り合いのP弁護士と話をしている。

**M子**：……というわけで、私達皆実はセクハラの被害に遭っているんです。こんな場合どうしたらいいんでしょう。私はやめてしまったけど、N子・O子はまだ勤めているんですよ。

**P弁護士**：皆さん、均等法や人事院規則で事業主や役所に「セクハラ防止義務」が義務づけられていることは知っていますか？

**N子ら**：ええ、何となく知っていますが、具体的には……。

**P弁護士**：皆さんが受けたり、今も受けているセクハラは事業主や役所の責任で防止・排除しなければならないもので、放置しておくと使用者責任が問われる事案ですよ。

**M子**：じゃあ、実際にどうしたらいいんですか？　皆仕返しや、退職の恐怖におびえているんですよ。もっとも私はもう退職してしまったんですが……。

**P弁護士**：皆さんはそれぞれ事業主や役所に対して次のようにセクハラの排除と、加害者の責任追及を申立てることができるんですよ。

**(1)　M子の場合——人事院規則違反**

人事院規則は、「セクシュアル・ハラスメントに起因する問題として」として「セクシュアル・ハラスメントのため職員の勤務環境が害されること及びセクシュアル・ハラスメントへの対応に起因して職員がその勤務条件につき不利益を受けること」をあげ（二条二号）、この中でも「勤務条件につき不利益を受けること」とは、「昇任、配置換等の任用上の取扱いや昇格、昇級、勤勉手当等の給与上の取扱い等に関して不利益を受けることをいう」とし（通知）、「セクシュアル・ハラスメントの態様等によっては信用失墜行為、国民全体の奉仕者たるにふさわしくない非行などに該当して、懲戒処分に付されることがある」（指針）旨規定しています。そして人事院は、二〇〇一年七月三一日付、で各省庁宛に懲戒処分をする場合のガイドラインとして「懲戒処分の指針について」という通知を出して、セクハラの加害者に対する責任追及を厳正かつ適正に行うことを促しています。

**〔セクシュアル・ハラスメントに関する標準例の概要〕**

○　セクシュアル・ハラスメント（他の者を不快にさせる職場における性的な言動及び他の職員を不快に

させる職場外における性的な言動）
ア　強制わいせつを行い、又は上司・部下等の関係に基づく影響力を用いて強いて性的関係を結び若しくはわいせつな行為をした職員は、免職又は停職。
イ　相手の意に反することを認識の上で、わいせつな言辞等の性的な言動を繰り返した職員は、停職又は減給。
　この場合に、わいせつな言辞等の性的な言動の執拗な繰り返しにより、相手が強度の心的ストレスの重積による精神疾患に罹患したときは、免職または停職。
ウ　相手の意に反することを認識の上で、わいせつな言辞等の性的な言動を行った職員は、減給又は懲告。

本件では、仕事を指導する担当者のMさんに対するセクハラ並びにMさんから苦情を受けた上司の対応が、右記のア・イに違反することは明白であり、Mさんは、人事院に対し、担当者並びに上司の懲戒処分申立てをすべきでしょう。またこれらの行為に対して、担当者、上司並びに国を相手に損害賠償請求をすることもできます（前掲兵庫セクハラ事件神戸地判九・七・二九―巻末裁判例一覧22）。

**(2)　N子・O子の場合―均等法違反**

均等法は事業主が負う「配慮義務」として「性的な言動により当該女性労働者の就業環境が害されることのないよう雇用管理上必要な配慮をしなければならない」と規定し、「指針」では、「性的な言動」とは、性的な内容の発言及び性的な行動を指し、「性的な行動」には、性的な関係を強要すること、必要なく身体に触ること、わいせつな図画を配布すること等がそれぞれ含まれる、としています。また派遣先にも均等法二一条が適用されることになった結果、派遣元事業主のみならず、派遣先事業主にも、派遣スタッフに対応するセクシュアル・ハラスメント防止の「配慮義務」が課されます（派遣法四七条の二）。

したがって、本件ではN・Oさんの上司はセクハラの「加害者」本人として不法行為責任を負うだけでなく、使用者は使用者責任を負うことになります。特にN子・O子さんが会社に訴えた際に放置されたり、杜撰な調査がなされた場合などには、会社は雇用契約、派遣契約上の職場環境配慮義務違反を問われることになります。例えば病院勤務の看護婦が、上司からセクシュアル・ハラスメントをされて、その被害申立てに対して使用者側が放置したとして会社の責任が認められた事案として、次の裁判例が参考になるでしょう（三重セクハラ（農協病院）事件津地判平九・一一・五―巻末判例一覧24）。

厚生農協連合会（被告）が経営する病院に看護婦として勤務する原告女性二名が、平成四年五月頃より平成六年二月一日迄、男性上司A（准看護士副主任）から、セクシュアル・ハラスメントをされた。判決はAの不法行為責任を認めた上で、被告連合会の責任については、契約上の職場環境配慮義務違反に基づく債務不履行責任を認定した。

（i）　使用者は被用者に対し、労働契約上の付随義務として信義則上職場環境配慮義務、すなわち被用者にとって働きやすい職場環境を保つように配慮すべき義務を負っており、被告連合会も原告ら被用者に対して同様の義務を負うものと解される。

（ii）　Aには従前からの日常勤務中特にひわいな言動が認められたところ、被告連合会はAに対し何も注意しなかったこと、B主任は平成五年一二月の時点で原告から、Aとの深夜勤をやりたくないと聞きながら、その理由を尋ねず、何ら対応等をとらなかったこと、平成六年一月二八日B主任は原告からAの休憩室での行為を聞いたにもかかわらず、直ちに婦長らに伝えようとせず、Aに注意することもしなかったこと、その結果同年二月一日深夜、Aの原告に対する休憩室での行為が行われたことが認められる。

(iii)　被告連合会は、平成六年二月一日以降被告Aの行為について対策をとったものの、それ以前には監督義務者らは何らの対応策をとらずにAの行為を見逃して、同日早朝のAの原告に対する行為を招いたと認められる。

(iv)　被告連合会は、婦長・主任・副主任らの責任態勢を確立し、毎月定期の院内勉強会、職員の研修会を行うなど、職員に対する指導監督を尽くした旨主張をするが、右の次第で、職場環境配慮義務を尽くしたとは認められない。

(v)　したがって、被告連合会は原告らに対する職場環境配慮義務を怠ったものと認められ、その結果Aの休憩室での前記行為を招いたといえるから、原告らに対し債務不履行責任を負う。

本件では、N子・O子さんの上司の行為がセクハラに該当することは明白であり、N子・O子さんは会社や派遣先に対し、N子・O子に対するセクハラ被害を訴えて、厳正な処分を求めるべきでしょう。それに対し会社が杜撰な調査をした場合などは、使用者責任を負うことになります。

# Q10 セクハラ被害の相談窓口・手続・案内はどうなっているのだろうか？

［セクハラの相談窓口］

〈セクハラの相談窓口〉

人事院規則や均等法は、セクハラに関する相談について、各職場の苦情相談体制を整備し、それを職員に周知することを求め、かつ苦情や相談については相談者のプライバシーを守り、被害申立者が苦情や相談をすることによって不利益な取扱いを受けないようにすべきこととされています。相談担当者としては、各職場の監督者が対応することが予定されているものの、現実には相談しずらいことから、まずは、職場の人事担当に照会するべきでしょう。もっとも従来の裁判例をみても、セクハラの「加害者」が事業主や監督者自身であることがしばしばであることから、このような場合、職場内の苦情相談体制が機能せず、職場外の相談に頼らざるを得ないことになります。そこで本問では以下に職場外での相談窓口、手続案内についてみてみましょう（本書巻末参照）。

**公務職場の場合**　人事院では、セクシュアル・ハラスメントを含めた苦情相談全般に対応するため、巻末別表の職員相談室が設けられており、専門の苦情調査官が相談に応じています。特別の手続きは必要でなく、申し出れば相談に応じています。面談ばかりでなく、電話、手紙でも相談に応じています。

**民間職場の場合**　均等法に基づいて、民間職場でのセクシュアル・ハラスメントについては、各県労働局の雇用均等室が、事業主に対し報告を求め、助言、指導、勧告をすることになっていますので、各県労働局の雇用均等室に相談するとよいでしょう。この場合も、特別な手続きは必要なく、面談、電話等でも相談に応じてくれます。更に各県の労政事務所などが相談に応じています。

**大学などの場合**　文部省の通達に基づいて、各大学ではセクハラ防止ガイドラインを作成し、相談体制を整備しています。しかし従来、セクハラの加害者は指導教官であることが多く、このような場合、学内の相談体制が十分に機能しないこともあることから、学外での民間の相談窓口に頼らざるを得ない現状にあると言えます。巻末別表相談窓口は、民間のボランティア関係者が運営しています。専門の相談員が相談に応じてくれますので相談してみて下さい。

**弁護士会での相談**　職場や大学等におけるセクシュアル・ハラスメントは、加害者本人は不法行為責任を負い、使用者は使用者責任を負うことになり、いずれも法律的な問題であることから、迅速かつ適切な解決のためには、法律専門家の助言と援助が必要です。各地の弁護士会ではセクハラ相談をしているので相談して下さい。

第2部
セクハラ被害救済の事例

## 一〇の「神話」との闘い

今日わが国では、第一部で述べた通り職場や大学等で起こるセクシュアル・ハラスメントに対する法的規制が裁判例の蓄積や改正均等法・人事院規則の施行等によって強められつつあるものの、他方では、依然としてセクシュアル・ハラスメントに対して、古くからの「偏見」や「誤解」等に基づいた「意見」が述べられることがあり、しかもこれらの「意見」は、しばしば新聞等のマスコミを通して著名な評論家や弁護士、大学教授等によって述べられ、社会に少なくない影響を与え続けています。

そこで、第二部では、これらのセクシュアル・ハラスメントに加えられている「偏見」や「誤解」――いわばセクシュアル・ハラスメント「神話」(myth)――を批判的に検討することにします。何故ならばこれらの「神話」は、古くからの「偏見」(その多くは、今日までの男性中心の社会の中で形成されてきた性差別意識に基づくものである)や「誤解」(その多くは、たまたま偶然発生した「事例」を一般化・普遍化することによって形成される認識である)に基づいて形成されたものであり、事実によって論証されたものでないにもかかわらず、人々の間に広く流布されているものであり、今日社会一般からセクシュアル・ハラスメントを排斥していくうえで、克服していくべきものだからです(もちろん「神話」はここにとりあげたものに尽きるものでないことは言うまでもありません。ちなみにこれらの「神話」は、その多くが、強制わいせつ、強姦等の性暴力、性被害一般にも共通することがらといえます)。

# Q11 自分にも責任がある以上セクハラではないと言われています

〈第一の神話〉セクシュアル・ハラスメントの「加害者」だけが悪いのではない。「被害者」にも責任がある？――

「相手（加害者）の部屋にのこのこついていくなんて！」

「彼女（被害者）の服装が挑発的だからその気になってしまった」、

「彼女が私に好意を持っているのでその気になってしまった」……。

このような「主張」はセクシュアル・ハラスメントやレイプ、強制わいせつ等の被害が発生した場合に、「加害者」のみならず「世間」一般から「被害者」に浴びせられる最もポピュラーな非難の一つです。その典型的な例を一つ紹介しましょう。一昨年の夏に、慶応大学医学部の学生五人が若い女性を集団でレイプして逮捕され、大学から退学処分を受けた事件がありましたが、その事件に関連して、東北地方のある県立大学の学長が新聞紙上で次のように語っています。「やった方が悪いに決まっている。が、やられた方はどうなのだ。

白昼、道を歩いていたら若者に無理やり車の中に押し込まれ……といった状況で起こった事件ではない、新聞報道によれば、被害者の女性は男友達の部屋を自分で訪ね、そこに集まっていた彼の友達四人と一緒に酒を飲んで盛り上がったあげくに襲われたという。（中略）『まともな国』ならどこでも、普通の若い女性は、よほど親しくても自室に男を呼び入れたりはしないし、また男の部屋へ独りで入るのさえ躊躇するものだ。」（九九年八月三〇日付読売新聞）――この学長の言いたいことは、要は「あれは女も悪い。男が五人も居る中へ一人で行くなんて」ということのようです。

集団レイプ事件に関する上記のコメントは、レイプが屋外の暗がりで、見知らぬ男性から突然加えられる攻撃であるという、いわゆる典型的な「レイプ神話」（したがって、屋内で知り合いの友人とのセックスはレイプなどではなく、仮にレイプだとしても、女性にも落ち度がある！）に立ったものです。しかし、一九七〇年代以降の性犯罪被害への研究の進展の中で、実際の性被害はこのような「レイプ神話」とは異なり、屋内で家族（父親や兄など）や知人の男性によって引き起こされるケースが多いことが明らかとなってきました。従来、前者（屋外で見知らぬ男性によるレイプ被害）が多いと考えられてきたのは、性被害に遭った被害者は、被害事実を隠すことが多く、訴えても被害者に落ち度があるとして警察等が取り上げなかったことなどが原因となっていたのです。これらの事実は最近の総理府の世論調査でも、レイプ等の性被害者のうち、加害者を「全く知らない」と回答したものが二五・六パーセントであるのに対し、「友人、知人、恋人」と回答したものが、各々一四・九パーセントに達しており、また性被害の事実を「誰にも相談しなかった」と回答したものが三八・八パーセントに達しており、その理由として「恥ずかしくて誰にも言えない」（五五・三パーセント）となっていることからも裏付けられていると言えます*。しかも前述の新聞紙上でのコメントは、このような「レイプ神話」に立ったものであるばかりか、「被害者」にも落ち度があるとして「加害者」の責任を軽減させる効果を持ったものであることは明らかです（この主張の特徴は、セクシュアル・ハラスメントの「加害者」の責任を認めたうえで、「被害者」にも責任がある、というレトリックを用いていることです――法的には「過失相殺」の主張ともなり得るものでしょう）。

＊　総理府男女共同参画室が、昨年九～一〇月にかけて全国の二〇歳以上の男女四五〇〇人を対象に実施した調査（回収率七五・七パーセント）による。なお、男女共同参画審議会の本年七月三一日付「女性に対する暴力に関する基本的方策について（答申）」参照（http://www8.cao.go.jp/danjyo/）。

いったいこの場合、「被害者」の女性は、学生達が性犯罪の「加害者」となるであろうことを知ったうえで学生の部屋を訪ねたとでもいうのでしょうか？　あるいは「加害者」となり得ることを知らなかったことに落ち度があるとでも言うのでしょうか？　現代社会は百鬼夜行が横行する野蛮な無法社会であり、ホッブスがかつて述べたように「万人の万人に対する戦争状態」（ホッブス・水田洋訳『リヴァイアサン』（一）岩波文庫二一一頁参照）にある社会とでも言うのでしょうか？　――そうではありません。現代社会は基本的人権が保障され、法と正義が実現されることが万人によって承認された社会なのです。このような主張には何らの根拠がないことは明らかでしょう。

さらに「服装が挑発的だ」「相手方が好意をもっていた」等という「主張」にも同じことが言えましょう。前者についていうならば、人がどのような服装をするかは、正にプライバシーや自己決定権に属する問題であり（企業や教育現場で、職場秩序等の維持のため制服着用を義務づけることについての法的な問題点はあるが、セクシュアル・ハラスメントはその大半が勤務時間終了後の宴会など、「被害者」が「私服」の場合です）、いかなる服装をするかは基本的には個人の自由なのです。このような主張が「弁解」にすぎないことは明らかでしょう。

第一の神話の後者はもう少し手のこんだものであり、次のような事案で主張されたものです。東北大学元大学院生が在学中に指導教官である助教授からセクシュアル・ハラスメントをされたと訴えた事件の裁判で、助教授側は「(仮に私が)セクシュアル・ハラスメントをしたとすれば、それは彼女(大学院生)の言動から、彼女が自分に対して恋愛感情を抱いているものと誤信したことによるものである。したがって、助教授のセクシュアル・ハラスメントをしたことについては、大学院生側にも責任があり、これは慰藉料算定にあたり減額事由となる」と主張したことがありました(セクシュアル・ハラスメントは「擬似恋愛」関係が成立している、という主張も同様のものでしょう)。賢明な読者には直ちにこのレトリックがおわかりでしょう。「恋愛関係」と「セクシュアル・ハラスメント」とは全く異なった事柄であり、凡そ「誤信」など生じる余地のないものだからです――ちなみにセクシュアル・ハラスメントは一般に「相手方の意に反する不快な性的言動」とされており、他方「恋愛関係」は、ある辞書によると、「特定の異性に特別の感情を抱いて、二人だけで一緒に居たい、出来るなら合体したいという気持ちを持ちながら、それが、常にはかなえられないで、ひどく心を苦しめる(まれにかなえられて歓喜する関係)」のこととされており(新明解国語辞典(第四版)三省堂参照)、この二つが全く異なった事柄、人間関係に関するものであることは明白なことです――案の定、裁判所は助教授の主張を一蹴しています(仙台地判平一一・五・二四―巻末裁判例一覧50)。

このようにセクシュアル・ハラスメントに関して「加害者」らから加えられる「被害者にも責任がある」という主張が、自らの責任の回避・軽減をねらったものであることは明白であり、それにもかかわらず、人々に残る古くからの性差別意識等によってこのような主張が広く世間に受け入れられる余地を残していることから、セクシュアル・ハラスメント被害の顕在化を阻む要因ともなっているのです(いわゆる「セカンドレイプ」の問題)。

# Q12 逃げも抵抗もしなかったからセクハラではないと言われています

**〈第二の神話〉** 本当にいやなら、抵抗できたはずだ？――「何故逃げなかったのか？」「私なら思い切りひっぱたいてやる！」「逃げたり大声を出さなかったのは、セクハラなんかなかったからだ？」……。

〈第二の神話〉も、〈第一の神話〉に劣らず、セクシュアル・ハラスメントが問題となった場合に必ずといってよいほど聞かれる声です（しかも「加害者」のみならず、時として「被害者」を支援する人々からも聞かれることがあるのです）。「人は相手から不快なことをされた場合、直ちに逃げたり抵抗したりするものである――という「社会通念」は、我々の意識を大きく支配しているだけでなく、このような「通念」は最近に至るまで（否、最近に至っても）裁判所をも支配し、セクシュアル・ハラスメントの成否、事実認定をめぐって大きな桎梏となってきていたのです。

裁判で争われた例を一つだけ紹介することにしましょう。ある大学の女性研究員が上司である男性教授と共に国際会議出席のためホテルに宿泊していたところ、自室を訪ねてきた教授から突然ベッドに押し倒される等の強制わいせつ行為を受けたとして訴えた裁判で、一審の裁判所は、「仮に女性研究員が主張するような強制わいせつ行為があったならば、女性は反射的に助けを求める声を上げたり、何らかの抵抗をするのが通常であるのに、声を上げることもせず、両肩を押さえ付けられるまで抵抗をしていないのは、両者の関係、女性の年齢、経歴を考えれば通常のものとは言えない」と判断して女性研究員の主張を斥けたのです。この判断は、他者からの攻撃に対して、どのような状況においても「勇敢」に立ち向かったり、直ちに回避行動をとることが可能な人や、そのようなことが可能な状況の場合には当てはまるものかもしれませんが、人は常にそのように振る舞うことができるとは限らず、とりわけ職場や大学等で支配従属関係にある者からの攻撃に対しては、さまざまな不利益を考慮して、「被害者」が抵抗できない状況におかれることになるのです。このような人間の行動を一義的に「経験則」化する一審判決は、前述した「社会通念」――本当に嫌なら抵抗できたはずだ――を、セクシュアル・ハラスメントの事実認定に際して無前提に適用したものといわざるを得ないものでした（一審判決は控訴審で破棄されている）（秋田県立農短事件－巻末裁判例一覧14、42）。

さらに一審判決は、セクシュアル・ハラスメント――とりわけ性的関係を迫るケース――の大半は、「偶然」発生するものではなく、「計画的」なものであるということも見逃しています。即ち、セクシュアル・ハラスメントが性的関係を迫るケースの場合、〈性的誘惑➡性的関係や接触の強要〉というプロセスをとりますが、そのプロセスに時間的な長短はあっても、その過程は、「加害者」が「被害者」を「計画的」に「誘惑」をし、その行為を徐々にエスカレートさせて、第三者等のいない「密室」で性的関係や接触を強要するプロセスをたどるものであり、このプロセスにおいて「被害者」が拒絶（＝不服従）の態度を貫くことは、「被害者」の受ける雇用や教育研究上の不利益を考慮すると極めて困難な場合が多いのです。

したがって例えば、大阪前府知事（横山ノック）セクハラ事件で、曽根綾子氏や上坂冬子氏らが、「なぜその時、女子大生は『キャー』と叫び、『何するのよ！』と知事のほっぺたをひっぱたかなかったのか。その時騒ぎを起こすのが一番適切、有効なのである。ストーカーに殺された気の毒な女子大生と違って、そこで知事の横面を張っても、女性は決して殺される心配はないのである」、「セクハラの正しい晴らし方は、原則として自分で受けたセクハラを、自分の気の済む方法を使って、自力で解決することだ」という主張は、セクシュアル・ハラスメントの実態にあまりに無知、無関心なものと言わざるを得ません（九九年一一月七日付毎日新聞、同年一一月四日付「女性セブン」参照）。

ちなみに横山ノック事件は、一昨年四月に行われた大阪府知事選挙の最中に、選挙運動員の女子学生が選挙用宣伝カーに乗って選挙応援をしていたところ、横山ノック知事（当時）が、女子学生の隣りに乗り込んできて、「風邪をひいてかわいそうに」「毛布をかけてやろう」等と言いながら、一枚の毛布を双方の下半身にかけて、約三〇分間に亘って女子学生の下腹部や胸に触る等のわいせつ行為をしたとされるものであり、判決（民事）では、「原告が受けたわいせつ被害は、一度の機会におけるものとはいえ、選挙運動のために走行中の選挙用ワゴン車の中で、被告の支配下にあり、原告との性交渉を望むような発言すらしていた者を含む同乗者らに囲まれ、当時二一歳の誕生日を迎えたばかりの女子大生であった原告が、風邪で高熱もあり容易に抵抗できなかった状況下で、被告により自己の腹部から足下を覆うように体に毛布をかけられた上、約三〇分間にわたり、被告の右手をズボンや下着の中に差し入れられたり、指で陰部を直接弄ばれたというものであり、右行為態様は執拗かつ悪質である。また、わいせつ行為に及ぶ経過をみると、被告はわざわざ毛布一枚を持って車両を乗り換えるなどわいせつ行為の計画性も窺われる」と認定されているのです（横山ノック事件大阪地判平一一・一二・一三―巻末裁判例一覧61）。

## Q13 ストレスの多い社会だから油断した方が悪いと言われています

**〈第三の神話〉** セクハラは「特殊な」人間のやることだ？　――「日頃の性的欲求不満が原因となって、何らかのきっかけでセクハラをしたのだ」、「きっかけを作った方（被害者）が悪い」……。

この「神話」については、前述した学長氏に再び登場願いましょう。学長氏は、五人の学生がレイプをした事件の原因について、性情報の氾濫をあげたうえで、「現在の日本はもはやまともな国ではない（中略）これだけ性的関心を高められ、またこれだけ性的情報を与えられれば、誰だって異常性欲を満たしたいと感じるだろう。（中略）したがって多くの日本人は老若男女を問わず、程度の差こそあれ、慢性的に性的欲求不満状態に陥っている。マスコミに氾濫する性情報の需要者は、そういう普通の日本人なのだ。その中の何人かが何らかのきっかけで、日頃の幻想を実行に移してしまった結果起こるのが性犯罪であり、性的スキャンダルである。」——と結論づけています。氏の論評は、レイプやセクシュアル・ハラスメント等の性犯罪や性暴力の原因を、「異常社会」と「異常な人間」（＝性的欲求不満や異常性欲に満ちた社会、人間）にみるという「異常」なものです（このような見地からは、現在行われつつあるレイプ等の性犯罪の防止対策やセクシュアル・ハラスメント防止対策は、ほとんど無意味ということになるでしょう）。しかしそれだけでなく、レイプ等の性犯罪・性暴力が、性差別、女性蔑視という社会状況が背景となって生みだされていること、これらの性犯罪が「見知らぬ者」でなく、「知人、恋人」（これらの者が「異常性欲」の持ち主というのでしょうか？）によって引き起こされることの方が多いという現実をも無視したものです。

更に、セクシュアル・ハラスメントについてみると、これらの行為が主として職場や大学等の上下関係のある中で、上司や部下が自らの地位・権限を利用・乱用して、部下や学生に対し行われているという点を全く無視していることです（現実にセクシュアル・ハラスメントの裁判で訴えられる「加害者」は、大学の教授、会社の社長・部長等、一般に社会的地位の高い者が多く、我々は普通これらの者が「異常性欲」や「性的欲求不満」の持ち主とは理解していないでしょう）。

セクシュアル・ハラスメントや性犯罪の「加害者」は「異常性欲」や「性的欲求不満」の持ち主であるという謬論（もっともそのような者も一部にはいるかもしれませんが……）は、セクシュアル・ハラスメントを生みだす社会的要因や本質を覆い隠すだけではなく、現実の裁判においては、第一、第二の「神話」と同様に、「何らかのきっかけ」（＝例えば被害者側の挑発的態度など）によってセクシュアル・ハラスメントが発生したとの口実に利用されることになっているのです。

## Q14 セクハラと言っても許されるものもあるのだと言われています

〈第四の神話〉セクハラには許されるものと許されないものとがある？　――「セクハラといわれても抽象的でよくわからない」「人によって使い方がさまざまで困る」……。

これらの主張は、日常我々が用いる「セクシュアル・ハラスメント」という言葉がさまざまなレベル――法的・社会的――で用いられていることを混同したところから生じたものです。一般に我々はセクシュアル・ハラスメントという言葉を、日常、次の三つの意味で用いていると言えましょう。

①　犯罪として処罰の対象とされる行為――例えばセクシュアル・ハラスメントが、レイプ、電車の中での痴漢等の身体への直接的暴力を伴う刑法犯に該当する行為や、性的行為や性的うわさ等を流布して名誉毀損を

する行為、のぞき・つきまとい（ストーカー）等のストーカー規制法違反等となるような性的言動である場合。

② 人々のモラルや価値観等社会一般の人々が共有する社会通念に反し、法的にも違法（民事上不法行為を構成する）とされる行為――例えばセクシュアル・ハラスメントが、「ホテルに行こう」等と執拗に誘って性関係を強要したり、食事やデートに執拗に誘う等の性的勧誘や、卑猥な会話やヌードポスター等を職場に貼ったり、わいせつ文書を送りつけたりする等の性的言動である場合。

③ 人々のモラルや価値観等社会一般の人々が共有する社会通念に反し法的に違法とまでは言えない行為、若しくは人々によって意見や意識が分かれている（これらは時代により社会により変化していくものであるが）行為――例えばセクシュアル・ハラスメントが、職場で女性にだけお茶汲みをさせたり、掃除、私用等をさせる行為や、女性にカラオケでデュエットをさせたり、お酌やチークダンスをさせたり、「男のくせに根性がない」とか「女には仕事が任せられない」等の今日ジェンダー・ハラスメントと呼ばれて、概ね男女差別や女性蔑視の意識に基づく言動である場合。

セクシュアル・ハラスメントは、日常用語としては以上の三つのレベルに分類することが可能であり、それぞれ、法的・社会的意味を異にするものです。即ちこれらの行為は、①については社会的には非難の対象とされ、法的にも違法とされる点で異論のないものであり、②についても、法的にも社会的にも違法不法なものとされているものですが、③については、今日社会的には性差別や女性蔑視の意識に基づく行為として非難の対象とされたり望ましくないものとされているものの、法的には何ら違法とはされず規制の対象とされていないもの、改正均等法、人事院規則が規制する行為に該当するものの（あるいは人事院規則の規制する行為には該当するものの、均等法の規制対象外の行為――例えばジェンダー・ハラスメントなど）、不法行為とはみなされていないものが含まれてくるのです（もっともこれらの行為も将来人々の性モラルや価値観が変化することにより、違法性を帯びてくることが考えられるでしょう）。

しかしながら、これらの行為が「相手方の意に反する不快な性的言動」として社会的にみると非難すべきものであり、かつ職場や大学等をはじめ社会から排除すべきものとされている点は争いのないところです（改正均等法、人事院規則）。したがって社会的見地に立った場合、セクハラに「許されるもの」と「許されないもの」があるのではなく、一般的に「許されない」ものとして考えるべきなのです。

## Q15 これをセクハラと言っても笑われるよ、考えすぎではないのかと言われています

**〈第五の神話〉** セクハラには「個人差」がある？　——「セクハラと受けとめるかどうかは個人によって違う」「一律にセクハラといわれてもこまってしまう」「セクハラは、特に男女の認識でズレがある」「同じような行為でもＡからの行為は許されて、Ｂからのは許されないという

のはおかしい」……。

この主張は一面では正しいものの、他の一面では間違っていると言えましょう。この問題は「第四の神話」に関連することですが、前問で述べた①〜③の分類についてみると、セクシュアル・ハラスメントが、①のレイプ、強制わいせつ等の刑法犯に該当する行為である場合、「個人差」はおろか、男女の認識の差など有り得ないという点では一致するでしょう。また②の性的誘惑やわいせつ文書の貼付等も、一般人が考える社会通念に反するものとして、「個人差」や男女の認識の差がないものと言えましょう。問題は③のジェンダーハラスメントとされる行為や性的接触・態度についてです――この領域では、相手方によってセクシュアル・ハラスメントについて「個人差」がでてくる可能性があると言えましょう。

しかしながら、セクシュアル・ハラスメントか否かは、「相手方」の受けとめ方が基本なのであり、身体接触や態度が「不快か」否かは、相手方の受けとめ方次第なのです（したがってAからの行為が不快でなくとも、Bからの行為が不快なものとされるのは、当然のことなのです）。このような行為が社会的に非難の対象とされ法的にも違法なものとされるか否かは、相手方の人間性を損ねる行為（性差別、支配従属関係の乱用等はこの意味で全て人間性を損ねる行為と言えましょう）か否かで判断すべきものです。したがって身体接触は、特段の事情（あいさつなどの接触や激励）がないかぎり相手方に不快感をもよおすものであり、また言葉や態度も、差別意識に基づくものや（「女のくせに」）、プライバシー侵害になる場合（「今日のパンティは何色かね？」など）は、広く社会的に許容されないものと認識されるに至っており、「個人差」や「男女差」は存在しないと言えるでしょう。

# Q16 合意の上でのことで、セクハラではないと言われています

〈**第六の神話**〉性関係は二人の「合意」によるもので、セクハラではない？——「彼女の方から言い寄ってきたのだ」「彼女も嫌がっていなかったのに」……。

右の主張はセクハラで訴えられた「加害者」が必ずといってよいほど口にする「弁解」の一つです。〈第一の神話〉〈第二の神話〉に関わることでもあるのですが、特にセクシュアル・ハラスメントの「被害者」が不快な身体的接触等をされていながら、その際に、ほとんど「抵抗」しなかったり、その後で直ちに周囲の友人や同僚に被害の事実を告げなかったり、性的関係が長期に亘って継続したりする場合に、「加害者」から主張されるものです。職場や大学等の支配従属関係の存在するところで「不快な性的言動」をされても、被害者が直ちに抵抗しなかったり、周囲に被害を訴えなかったりすることがしばしばあり、しかもそれは何ら不合理な行動ではないことは既に述べました（第二の神話）。ここでの問題は、更にセクシュアル・ハラスメントが加えられた際に、被害者が「抵抗」しなかったり、直ちに被害を訴えないことが、「合意」を推定するものなの

か？　ということでしょう。そもそも「合意」というものは、社会学的には、複数の行為主体がある事柄について意思の合致、受容をしていることであり、したがって性的関係や接触が、少なくとも何らかの事情（一方当事者の暴行や支配従属関係の利用・濫用など）によって、当事者間の意思の合意や一方当事者の受容が阻害されているとみなされる場合には、「合意」が存在しないものとされるものです（意思の「合致」「受容」をどのように把握するかについては、当事者相互の影響による共通の心理状態の形成とみる心理主義と、受容とみなすのが社会規範（習俗、法、モラルなど）によって相当とされる行為の存在とみる規範主義との対立があるが、これらはしばしば競合していると考えるべきであろう（『哲学・思想辞典』岩波書店、一九九八年）。

この種の事案が裁判で争いとなった場合、裁判所は当事者の人的関係、日頃の言動を重要な判断要素としており、その一例をあげてみましょう。大学の女性副手は、在学中から指導を受けていた教授に副手として採用されて直属の部下として勤務していたが、ある日の夜九時過ぎに教授から電話で呼び出され、車中で、女性が交際中の男性について、「何故（あいつと）交際するのだ！　お前が副手になれたのは、俺が推薦したからだろう」と詰問されたうえレイプされたとして、女性副手は教授を訴えました。これに対して教授は、女性とは相互に日頃から親密な感情を抱いており、当日の車中でも教授の叱責に対し「先生すみません」と身を寄せてきたので、これに応える形で性的関係を持ったもので「合意」に基づく性行為であると争ったのです。裁判所は女性の主張を認め、「原告は、既に結婚を前提として性的関係を有していた恋人がおり、本件行為の前日には原告が恋人を家族に紹介しており、原告が被告に親密な感情を抱く事情はなかった」、「被告本人も、被告と原告との関係はかつての教授と教え子であり、その後も教授と副手以上のものでないと供述しており、原被告の関係は単なる師弟関係に基づく交流の範囲をでないものであって、本件性的関係が、いわゆる男女間の愛情に基づく感情の表れと認めることができないことは明らかである」と述べて「合意」の事案を否定しているのです（東北生活文化大教授事件―巻末裁判例一覧51、74）。

この判決にみられるように、何らかの性的接触・行為が行われた当時、当事者（「加害者」と「被害者」）が性的行為や性的接触を「合意」しうる関係にあったのか否か――「恋人」として「恋愛関係」にあったのか、あるいは知人、友人、上司－部下、教師－学生としての「信頼関係」にあったのか――が決め手とされることになるでしょう。「恋愛関係」にある当事者が性的関係を形成することは何ら不自然なことではなく、性的関係、接触に「合意」が認められることは言うまでもないことですが（もっとも、この場合でもレイプ等が行われることは、近時近親者からの暴力として問題とされるようになってきていることは〈第一の神話〉で述べたところである）、そのような関係がないところでは、凡そ「合意」が成立する余地はないと考えるべきであり、またたとえ「合意」とみなしうる「外形」が存在したとしても、それは当事者間の支配従属関係に基づいて被害者が合意を強いられたことによるものであり、被害者の自発的意思に基づいた合意とは言えないものであり、このような場合、少なくとも民事上不法行為責任は免れないものと言わざるを得ないのです。

# Q17 セクハラならすぐ訴えればいい、今更そんなことと言われています

**〈第七の神話〉**今頃いわれても……セクハラは本当にあったの？　──「一年も前のセクハラなんてウソでしょう？」「どうしてすぐに訴えなかったの？」「すぐに訴えなかったのは、セクハラなんてなかったんじゃない？」……。

この主張も〈第六の神話〉と同様のものです。「セクハラ」の直後に被害を訴えなかったり、長期に亘ってセクシュアル・ハラスメントが継続したりすることは、「被害者」の行動として何ら不自然、不合理なものではないことはすでに述べたところです。そこでここでは、「被害者」がセクシュアル・ハラスメントが行われてから（何ヵ月、あるいは何年も後になってから）、その事実を第三者に告白する「契機」について述べることにしましょう。セクシュアル・ハラスメントの「被害者」が第三者に告発する「契機」は、一般には「第三者」からセクシュアル・ハラスメント行為を問いつめられて告白する場合（この場合の「第三者」は、多くの場合、夫や恋人でしょう）と、自ら「第三者」に告白する場合とが考えられますが、特に後者の場合は、セク

シュアル・ハラスメントの「事実」から何らかの理由で「解放」されたことが契機となっていることが多いと言えましょう。

例えば前述した東北大学セクハラ事件で、被告側が、大学院生が助教授によるセクシュアル・ハラスメント行為が終息した後三年近く経過した平成九年四月になって大学当局に訴え出ていることは不可解である（セクハラが存在しなかった証左である）旨主張したのに対して、裁判所は、「被控訴人（大学院生）と控訴人（助教授）との関係は、平成六年一〇月中旬以降次第に教育上の支配従属関係が強化されていったものであり、それといわば比例するような形で控訴人の被控訴人に対する性的行動がエスカレートしていったもので、このような状況のもとで、平成七年五月ころから不安神経症に罹患し、その症状に改善の見られなかった被控訴人が、控訴人の行為の真の意味を自覚し、適切な対応措置を講ずることができずに、控訴人による前記認定の諸行為をいわばなす術もないままに受け続けざるを得ないでいたものである。そして、同年八月交際相手と別れることを余儀なくされ、控訴人と三回目の肉体関係を持ったことで、惨めな気分に陥っていた被控訴人に対し、控訴人が非情な言葉を吐いたことなどがきっかけとなって、被控訴人は、次第に右行為の真の意味と自らの立場を認識し始め、以降、控訴人の要求を拒んだり、第三者に自己の被害を訴えることができるようになり、平成九年四月、組合を通じて井原科長宛にセクハラ被害を理由とする控訴人の懲戒要求をするに至ったものと理解することができ」る旨判示し、「告発の契機」について述べているのです（前掲東北大学セクハラ事件）。このように、セクハラがおこされてから時間が経過した後に「被害者」がセクハラの「事実」を第三者に告発することは何ら不自然ではなく、何らかのきっかけによってなされることを理解すべきなのです。

# Q18 密室のことでもあり、誰もそんなことは分からないよと言われています

**〈第八の神話〉**「神様」でないから「密室」での行為はわからない？　――目撃者のいない「密室」での行為を第三者に判断させるのはムリだ」「本当はなにもなかったんじゃあないの？」……。

会社や大学等で従業員や学生がセクシュアル・ハラスメントの被害を会社や大学に訴えても、上司や教員がセクシュアル・ハラスメントの事実を否定した場合、担当者は「私は神様ではないのだから、二人だけの密室での行為などわかるわけがない！」と事実調査自体を拒否したり、調査をしても二人の言い分の「合致」したところのみから判断をしたりすることがしばしば見受けられます（少なくとも改正均等法以前はこのような態様が大半であった）。しかしながら、このような態度は今日においては、少なくとも会社や大学当局がなすべき調査を尽くしていないものとして法的責任を問われるものと言わざるを得ないものです（「職場環境整備義務違反」）。

では、このような場合どのような調査をすべきなのでしょうか？　少なくとも次の点を指摘することができ

るでしょう。

即ち、職場等においてセクシュアル・ハラスメントの申立てがあった場合、使用者には、雇用契約上の職場環境整備義務の一環として、適切かつ迅速な事実調査をすることが要請され、その内容としては①当事者双方の言い分を確認したうえで、②当事者双方の言い分が食い違った場合には、当事者以外の第三者（職場の同僚、取引先など）の調査可能性の有無をも確認し、③これらの当事者間の発言内容に対する適切な判断をすることが要求されていると言えるでしょう。具体的には、セクシュアル・ハラスメントがしばしば「密室」で行われることから、当事者双方の言い分が食い違うのが通常であることを前提として、当事者の日常態度──例えば「加害者」が「被害者」以外の女性にもセクシュアル・ハラスメントをしていなかったか？「被害者」に日頃からセクシュアル・ハラスメントをしていなかったか？「被害者」が「加害者」に個人的な恨みを有していないか？──や、調査の際の当事者の発言内容──当事者の発言が一貫した発言か？発言に矛盾がないか？抽象的か具体的か？──等を慎重に判断していくことが求められることになるのです。

このような適切な調査義務が問題とされた事案としては、例えば、土木建築会社に勤務していた女性が、上司からの性的誘いを拒絶したところ、上司らから支店長と特別な関係にあるかのごとき噂を流され、これを直に受けた会社から、事情聴取を受けることもなく解雇された事件で、会社の責任につき裁判所は、「Y会社は原告やS支店長に機会を与えてその言い分を聴取するなどして原告とS支店長とが特別な関係にあるかどうかを慎重に調査し、人間関係がぎくしゃくすることを防止するなどの職場環境を調整すべき義務があったのに、十分な調査を怠り、上司らの報告のみで判断して適切な措置を執らなかった」旨判示しているのです（前掲沼津セクハラ事件―巻末裁判例一覧47）。このように当事者双方の言い分を聴取することを怠ったことを、使用者の「セクシュアル・ハラスメント防止義務」違反の要素としており、「神様でないから『密室』での行為はわからない」などという主張は、使用者がなすべき調査義務を怠った責任を免れるための方便にすぎないものなのです。

## Q19　セクハラは個人の問題だから組織に持ち出さないでくれと言われています

**〈第九の神話〉**セクハラは「個人の問題で会社（大学）には関係ない？」――「単なる恋愛のもつれでは」……。

この言葉は、職場や大学等でセクハラを受けた「被害者」が、会社等に被害を訴え出た場合、従来しばしば使用者や大学当局から「被害者」が浴びせかけられた言葉であり、今日では、改正均等法により使用者の「配慮義務」が規定され、また人事院規則に職員のみならず各省庁の長の責任としてセクシュアル・ハラスメント防止義務が規定されたことにより、さすがにこのような「主張」は減少しつつあるものの、今日でも依然として耳にする言葉です。今日では会社や大学等には従業員や学生に対し、雇用契約若しくは在学契約上の義務として、良好な職場（教育、研究）環境を提供すべき法的義務があるものと一般に承認されるに至っており、職場内や職務に関連して従業員がセクシュアル・ハラスメントの被害に遭い、会社が右義務を怠った場合には、会社に責任が発生することになり、セクシュアル・ハラスメントが「個人の問題であり、会社には関係がない」という問題ではないことは明白でしょう。したがって、問題はセクシュアル・ハラスメントがどのような場合に「個人的な問題」ではなく、会社の責任が発生するか、ということなのです。

例えば、雑誌の編集出版をしている会社に勤務していた女性社員が、上司である編集長から異性関係に関する悪評を流布され、かつ会社側はこれらの事実を知りながら放置し、最終的に女性が退職のやむなきに至ったとして会社らの法的責任が問われた事件について、裁判所は、「専務らは、原告と編集長との間の確執の存在を十分に理解し、これが職場環境に悪影響を及ぼしていることを熟知していながら、これをあくまで個人間の問題として捉え、同年三月に原告について昇級措置を行った以外は、両者の話し合いによる解決を指示するに止まった。（中略）このように、専務らは、早期に事実関係を確認する等して問題の性質に見合った他の適切な職場環境調整の方途をさぐり、いずれかの退職という最悪の事態の発生を極力回避する方向で努力することに十分でないところがあった」旨判示して会社の責任を認定しています（福岡セクハラ事件福岡地判平四・四・一六―巻末裁判例一覧2）。この判決にも明示されているように、「セクハラは個人の問題であり、会社に関係ない」などという考えは今日全くの謬論と考えるべきでしょう（ちなみに二〇〇一年四月から変更された雇用保険制度の中で、倒産・解雇等により、失業手当が上乗せされる「特定受給資格者」として、「労働者が事業主（又は人事担当者）、雇用均等室等の公的機関に相談を行っていたにもかかわらず事業主において対策を講じなかったため離職した場合には、事業主による故意の排斥による離職として扱う」として、セクシュアル・ハラスメントにより退職を余儀なくされた場合が含まれることとしているのも参考となるでしょう）。

# Q20 被害を受け困っているのですが、逆に「不倫」だ、「不貞行為」だと攻撃されています

**〈第二〇の神話〉** セクハラの「被害者」は、「加害者」の妻に「不貞行為」をしている？ ——「セクハラ」は「不倫」とどう違うの？……。

賢明な読者には、こんな「バカな主張」はあり得るはずがない！ と思われるかもしれませんが——もっとも裁判において今日まともに「主張」されることはない——セクハラの被害を会社に訴えた場合などに、セクハラの「被害者」がしばしば担当者から浴びせられる「質問」の一つです。この質問は、加害者から「あれはセクハラではなく、恋愛関係であった」「合意があった」という「主張」と表裏をなすものですが、この

問題は次の裁判例を上げることで十分でしょう。

妻子ある男性（A男）が仕事上で知り合った夫ある女性（B女）をモーテルに連れ込んでレイプをした後、暴力や脅迫を繰り返す等して性的関係を継続し、それがために妻と離婚・再婚を繰り返したが、この間引き続き当初の女性との性的関係は継続し、この期間は七年余に亘ったことから、妻が女性に対して慰藉料請求をした事案につき、裁判所は、「（A男とB女が）肉体関係を結ぶに至る発端については、A男が被告B女を再々強引に呼びだして暴行・脅迫を加えたうえ関係を強要したことによるものであり、更に、右関係継続の点についても、その後も絶えず酒乱の気のあるA男の暴行・脅迫にさらされながら続けられたものと言えるのであるから（そもそも二人の最初の肉体関係は、先に認定したとおり、前記復縁の五年前にA男の偽りと暴行によって持たれたもので、このことがその後の二人の関係に影響していることは明らかであろう）、B女にはA男との肉体関係の端緒及び継続について責任がなく、A男にこそが全面的にその責任を負うものと言うべきであり、「原告とA男との婚姻関係がほぼ破綻に瀕し、原告が夫たるA男に対し貞操を要求しがたいような状況下において、専らA男の暴力と脅迫によって被告B女が同人と肉体関係を結んだことをもって、社会的相当性を欠く違法があるものとし、原告がA男との（再婚後の）婚姻・家族生活を破壊し、貞操要求権を侵害した違法行為と断ずるのは当を得ないと言わざるを得ない。」と判示して妻の請求を棄却しています（横浜地判平元八・三〇判時一四三七号七八頁）。セクシュアル・ハラスメントについても右の判断が基本的に妥当することは明白でしょう。

## 〈わが国におけるセクハラ裁判例一覧（二〇〇一年七月末日現在）〉

| | 事件名 | 裁判所 | 判決（決定）日（平成） | 判決結果（万円）カッコ内は弁護士費用 | 掲載誌 |
|---|---|---|---|---|---|
| 1 | ニューフジヤホテル事件 | 静岡地沼津支判 | 二・二・二〇 | B→一一〇（一〇） | 労判五八〇号一七頁判タ七四五号二三八号 |
| 2 | 福岡セクハラ事件 | 福岡地判 | 四・四・一六 | A一→一六五（一五） | 労判六〇七号六頁判時一四二六号四九頁 |
| 3 | セントラル靴事件 | 東京地判 | 六・四・一一 | ×（名誉毀損→三〇） | 労判六五五号四四頁 |
| 4 | 金沢セクハラ事件（↓12・55） | 金沢地輪島支判 | 六・五・二六 | A一→八〇 | 労判六五〇号八頁 |
| 5 | 横浜セクハラ事件（↓25） | 横浜地判 | 七・三・二四 | × | 判時一五三九号一一一頁 |
| 6 | 大阪セクハラ事件（運送会社） | 大阪地判 | 七・八・二九 | B→五〇 | 判タ八九三号二〇三頁 |
| 7 | 奈良セクハラ事件 | 奈良地判 | 七・九・六 | B→一一〇（一〇） | 判タ九〇三号一六三頁 |
| 8 | 八王子市立小学校事件＊ | 東京地八王子支判 | 八・四・一五 | B→五〇（和解七五） | 判時一五七七号一〇〇頁判タ九二四号二三七頁 |
| 9 | 大阪セクハラ事件（葬儀会社） | 大阪地判 | 八・四・二六 | A一→八八（八） | 判時一五八九号九二頁 |
| 10 | 札幌セクハラ事件 | 札幌地判 | 八・五・一六 | A一→七〇 | 判タ九三三号一七二頁 |
| 11 | 徳島セクハラ事件（仮処分→37） | 徳島地決 | 八・一〇・一五 | 解雇→無効 | 労判七〇七号九一頁 |
| 12 | 金沢セクハラ事件（↓55） | 名古屋高金沢支判 | 八・一〇・三〇 | A一→一三八（一八） | 判タ九五〇号一九三頁 |
| 13 | 東京セクハラ事件（広告代理店） | 東京地判 | 八・一二・二五 | A一→一四八・五（一三） | 労判七〇七号二〇頁 |
| 14 | 秋田県立農業短大事件（↓42）＊ | 秋田地判 | 九・一・二八 | ×（名誉毀損→六〇） | 判時一六二九号一二一頁 |
| 15 | 東京セクハラ事件（派遣社員） | 東京地判 | 九・一・三一 | B一→一五八（過失相殺） | 労判七一六号一〇五頁 |
| 16 | 東京セクハラ事件（チラシ広告） | 東京地判 | 九・二・二八 | A一→一〇〇 | 判タ九四七号二二八頁 |
| 17 | 旭川セクハラ事件 | 旭川地判 | 九・三・一八 | A一→二〇〇 | 労判七一七号四二頁 |
| 18 | 学研ジー・アイ・シー事件 | 大阪地判 | 九・三・二六 | × | 労判七一六号七二頁 |
| 19 | 京都大学セクハラ事件（名誉毀損）＊ | 京都地判 | 九・三・二七 | 名誉毀損（→×） | 判時一六三四号一一〇頁 |
| 20 | 京都セクハラ事件（呉服販売） | 京都地判 | 九・四・一七 | A一，A二→二二五（一五） | 労判七一六号四九頁判タ九五一号二二四頁 |
| 21 | 熊本セクハラ事件 | 熊本地判 | 九・六・二五 | B→三〇〇（和解三〇〇） | 判時一六三八号一三五頁 |
| 22 | 兵庫セクハラ事件（国立病院→32） | 神戸地判 | 九・七・二九 | A一→一二〇（二〇） | 労判七二六号一〇〇頁判時一六三七号八五頁 |
| 23 | 大阪市立中学校事件（↓44・53） | 大阪地判 | 九・九・二五 | B→五〇 | 労判七三五号八七頁 |
| 24 | 三重セクハラ事件（農協病院） | 津地判 | 九・一一・五 | A二→五五（五） | 労判七二九号五四頁 |
| 25 | 横浜セクハラ事件 | 東京高判 | 九・一一・二〇 | A一→二七五（二五） | 労判七二八号一二頁判タ一〇一一号一九五頁 |
| 26 | 国会議員セクハラ事件（↓35・46） | 東京地判 | 九・一二・二四 | B→一八〇 | 判時一六四〇号一三八頁判タ九八八号二三九頁 |

| | 事件名 | 裁判所 | 判決（決定）日（平成） | 判決結果（万円）カッコ内は弁護士費用 | 掲載誌 |
|---|---|---|---|---|---|
| 27 | 和歌山セクハラ事件 | 和歌山地判 | 一〇・三・一一 | A一↓一一〇（一〇） | 判時一六五八号一四三頁 |
| 28 | 京都セクハラ事件（A寺院） | 京都地判 | 一〇・三・二〇 | ×↓（名誉毀損↓×） | 判時一六五八号一四三頁 |
| 29 | 神奈川県立外語短大事件（名誉毀損↓52）＊ | 横浜地川崎支判 | 一〇・三・二〇 | 名誉毀損（↓×） | 労判七七〇号一三五頁 |
| 30 | 千葉セクハラ事件（建設会社） | 千葉地判 | 一〇・三・二六 | A一↓三三〇（三〇） | 労判七四八号一五三頁判時一六五八号一四三頁 |
| 31 | 創価学会名誉会長事件（↓56） | 東京地判 | 一〇・五・二六 | ×（時効） | 判タ九七六号二六二頁 |
| 32 | 兵庫セクハラ事件 | 大阪高判 | 一〇・六・一一 | 控訴棄却 | （掲載誌不詳） |
| 33 | 鳴門教育大学事件（↓54・60）＊ | 徳島地判 | 一〇・九・二九 | B↓二二〇 | （掲載誌不詳） |
| 34 | 山本香料事件 | 大阪地判 | 一〇・七・二九 | × | 労判七四九号二六頁 |
| 35 | 国会議員セクハラ事件（↓46） | 東京高判 | 一〇・八・二五 | 控訴棄却 | （掲載誌不詳） |
| 36 | 三重大セクハラ事件（↓63・75） | 津地判 | 一〇・一〇・一五 | B↓三三（三） | 判タ一〇五七号二〇六頁 |
| 37 | 徳島セクハラ事件（本訴） | 徳島地判 | 一〇・一〇・一六 | 解雇↓無効 | 労判七五五号三八頁 |
| 38 | 東京セクハラ事件（A協同組合） | 東京地判 | 一〇・一〇・二六 | × | 労判七五六号八二頁 |
| 39 | 大阪セクハラ事件（歯材販売会社） | 大阪地判 | 一〇・一〇・三〇 | A一（会社のみ）↓一一〇 | 労判七五四号二九頁 |
| 40 | 東京セクハラ事件（学習塾） | 東京地判 | 一〇・一一・二四 | A一↓六〇 | 判時一六八二号六六頁 |
| 41 | コンピューター・M・S事件 | 東京地判 | 一〇・一二・七 | 懲戒解雇↓有効 | 労判七五一号一八頁 |
| 42 | 秋田県立農業短大事件＊ | 仙台高秋田支判 | 一〇・一二・一〇 | B↓一八〇（三〇） | 判時一六八一号一一二頁 |
| 43 | 大阪セクハラ事件（佐川急便） | 大阪地判 | 一〇・一二・二一 | A一↓一一〇（一〇） | 判タ一〇〇二号一八五頁判時一六八七号一〇四頁 |
| 44 | 大阪市立中学校事件（↓53）＊ | 大阪高判 | 一〇・一二・二二 | 控訴棄却 | 労判七六七号一九頁 |
| 45 | 千葉セクハラ事件（設計会社） | 千葉地判 | 一一・一・一八 | B↓八〇 | 労判七六八号八七頁 |
| 46 | 国会議員セクハラ事件 | 最決 | 一一・二・九 | 上告棄却 | （掲載誌不詳） |
| 47 | 沼津セクハラ事件（F鉄道工業） | 静岡地沼津支判 | 一一・二・二六 | A一↓二五七（和解七一五） | 労判七六〇号三八頁 |
| 48 | 東京セクハラ事件（M商事） | 東京地判 | 一一・三・一二 | A一（会社のみ）↓三二一 | 労判七六〇号二三頁 |
| 49 | バイオテック事件 | 東京地判 | 一一・四・二 | × | 労判七七二号八四頁 |
| 50 | 仙台セクハラ事件（東北大助教授↓66）＊ | 仙台地判 | 一一・五・二四 | B↓七五〇 | 判時一七〇五号一三五頁判タ一〇一三号一八二頁 |
| 51 | 仙台セクハラ事件（東北生活文化大教授↓74）＊ | 仙台地判 | 一一・六・三 | B↓七〇〇（一〇〇） | （掲載誌不詳） |
| 52 | 神奈川県立外語短大事件＊ | 東京高判 | 一一・六・八 | ×（名誉毀損↓六〇） | 労判七七〇号一二九号 |
| 53 | 大阪市立中学校事件＊ | 最二小決 | 一一・六・一一 | 上告棄却 | 労判七六七号一八頁 |

| | 事件名 | 裁判所 | 判決（決定）日（平成） | 判決結果（万円）カッコ内は弁護士費用 | 掲載誌 |
|---|---|---|---|---|---|
| 54 | 鳴門教育大学事件（↓60）＊ | 大阪高判 | 一一・六・二二 | 控訴棄却 | （掲載誌不詳） |
| 55 | 金沢セクハラ事件 | 最二小判 | 一一・七・一六 | 上告棄却 | 労判七六七号一四頁、一六頁 |
| 56 | 創価学会名誉会長事件 | 東京高判 | 一一・七・二二 | 控訴棄却（時効） | 判タ一〇一七号一六六頁 |
| 57 | 仙台セクハラ事件（ピアノ教師）＊ | 仙台地判 | 一一・七・二九 | B↓九〇〇（一〇〇）（和解九〇〇） | （掲載誌不詳） |
| 58 | 大阪セクハラ事件（A医院） | 大阪地判 | 一一・一〇・六 | B↓六〇〇（一〇〇） | （掲載誌不詳） |
| 59 | 東京セクハラ事件（バンクオブインディア） | 東京地判 | 一一・一〇・二七 | A一↓三三〇（三〇）・七七（七） | 判時一七〇六号一四六頁 |
| 60 | 鳴門教育大学事件 | 最一小決 | 一一・一一・一一 | 上告棄却 | （掲載誌不詳） |
| 61 | 横山ノック事件 | 大阪地判 | 一一・一二・一三 | B↓一一〇〇（一〇〇） | 判タ一〇五〇〇号一六四頁判時一七三五号九六頁 |
| 62 | 千葉セクハラ事件（公立病院） | 千葉地判 | 一二・一・二四 | B↓八〇（一〇） | 判時一七四三号九八頁 |
| 63 | 三重大セクハラ事件（↓75） | 名古屋高判 | 一二・一・二六 | B↓九〇（一〇） | 判タ一〇五七号一九九頁 |
| 64 | 東京セクハラ（強姦未遂）事件 | 東地判 | 一二・三・一〇 | A一↓三〇一・八（三〇） | 判時一七三四号一四〇頁 |
| 65 | 大阪観光バス事件 | 大阪地判 | 一二・四・二八 | 懲戒解雇↓有効 | 労判七八九号一五頁 |
| 66 | 仙台セクハラ事件（東北大助教授）＊ | 仙台高判 | 一二・七・七 | 控訴棄却↓九〇〇（一五〇） | （掲載誌不詳） |
| 67 | 松戸市議セクハラ事件 | 千葉地松戸支判 | 一二・八・一〇 | B↓四〇（一〇） | 判時一七三四号八二頁 |
| 68 | F製薬事件 | 東京地判 | 一二・八・二九 | 解雇↓有効 | 判時一七四四号一三七頁 |
| 69 | 旭川市立中学校事件 | 旭川地判 | 一三・一・三〇 | A二（市と道のみ）↓一七〇（三〇）、三〇（一〇） | 判時一七四九号一二一頁 |
| 70 | 東北学院大事件 | 仙台地判 | 一三・二・三〇 | 名誉毀損↓× | （掲載誌不詳） |
| 71 | JR西日本事件 | 大阪地判 | 一三・二・二三 | 論旨解雇↓有効 | 労判八〇二号九八頁 |
| 72 | 日銀セクハラ事件 | 京都地判 | 一三・三・二二 | A二↓六七六・八九六〇（六〇） | 判時一七五四号一二五頁 |
| 73 | マツダアンフィニ仙台事件 | 仙台地判 | 一三・三・二六 | A二（会社のみ）↓三五〇（三〇） | 労判八〇八号一五頁 |
| 74 | 仙台セクハラ事件（東北生活文化大教授） | 仙台高裁 | 一三・三・二九 | B↓二三〇（三〇） | （掲載誌不詳） |
| 75 | 三重大セクハラ事件 | 最一小決 | 一三・六・一四 | 上告棄却 | （掲載誌不詳） |

（注）A一…行為者と会社が被告となり（但し、39、48、69、73は会社のみ被告）、行為者は不法行為責任、会社も民法四四、七一五条等で使用者責任が肯定された事例
A二…同じく、行為者は不法行為責任、会社も民法四一五条で使用者責任が肯定された事例
B……行為者のみが被告となり、不法行為責任が肯定された事例
×……セクシュアル・ハラスメントの「事実」が否定された事例
＊……教育現場の事例

# 各種相談窓口一覧（電話番号）

## 〈行政機関など〉

### 〈都道府県労働局雇用均等室〉

北海道　〇一一―七〇九―二七一五
青　森　〇一七七―三五―一〇三三
岩　手　〇一九―六二二―四六四五
宮　城　〇二二―二九九―八八四四
秋　田　〇一八八―六二―六六八四
山　形　〇二三六―二四―八二二八
福　島　〇二四―五三六―四六〇九
茨　城　〇二九―二二一―三九一五
栃　木　〇二八―六三三―二七九五
群　馬　〇二七―二三一―五一三六
埼　玉　〇四八―八二二―四二七三
千　葉　〇四三―二二一―二三〇七
東　京　〇三―三八一四―五三七二
神奈川　〇四五―二一一―七三八〇
新　潟　〇二五―二六六―〇〇四七
富　山　〇七六四―三二―二七四〇
石　川　〇七六―二三一―三〇八六
福　井　〇七七六―二二―三九四七
山　梨　〇五五二―五二―六七七九
長　野　〇二六―二三四―七八一七
岐　阜　〇五八―二四五―三〇四六
静　岡　〇五四―二五二―五三一〇
愛　知　〇五二―九五一―四一九一
三　重　〇五九―二二八―二七八二
滋　賀　〇七七―五二三―一一九〇
京　都　〇七五―二四一―〇五〇四
大　阪　〇六―六九四一―四六四七
兵　庫　〇七八―三三二―七〇四五
奈　良　〇七四二―三六―一八二〇
和歌山　〇七三四―二二―四七四三
鳥　取　〇八五七―二二―三三四九
島　根　〇八五二―三一―一一六一
岡　山　〇八六―二二四―七六三九
広　島　〇八二―二二三―二八七八
山　口　〇八三九―二二―八〇一七
徳　島　〇八八六―五二―二七一八
香　川　〇八七―八三一―三七六二
愛　媛　〇八九―九三五―五二二二
高　知　〇八八八―七二―二五九八
福　岡　〇九二―四一一―四八九四
佐　賀　〇九五二―三二―七一五〇
長　崎　〇九五―八四四―四三八四
熊　本　〇九六―三五二―三八六五
大　分　〇九七五―三二―四〇二五
宮　崎　〇九八五―二五―五五三一
鹿児島　〇九九―二二二―八四四六
沖　縄　〇九八―八六八―四三八〇

### 〈人事院相談室〉

公平局職員相談室
〇三―三五八一―三四八六
北海道事務局第一課
〇一一―二四一―一二四九
東北事務局第一課
〇二二―二二一―二〇〇二

関東事務局第一課
○三―三二一四―一六二五
中部事務局第一課
○五二―九六一―六八三九
近畿事務局第一課
○六―六九四一―一五三九
中国事務局第一課
○八二―二二八―一一八二
四国事務局第一課
○八七―八三一―四八六九
九州事務局第一課
○九二―四三一―七七三二
沖縄事務局調査課
○九八―八三四―八四〇一

〈都道府県警察本部（性犯罪、
痴漢、ストーカー被害含む）〉

北海道　○一二〇―七五六―三一〇
　　　　○一二〇―六七七―一一〇
青　森　○一二〇―八九―七八三四
岩　手　○一二〇―七九七―八七四
宮　城　○一二〇―二四八―六二〇
　　　　○二二―二六六―九六六九
秋　田　○一二〇―〇二一―八一一〇
　　　　○一八―八三三―〇九五〇
山　形　○一二〇―七八三―一四二
　　　　○二三―六二三―〇四六七
福　島　○一二〇―五〇―三七三二
　　　　○一二〇―一八四―五〇四
警視庁　○三―三五九七―七八三〇
　　　　○三―三三四一―三八三七
　　　　○三―三五八一―四三二一
茨　城　○一二〇―五五六―九四二
　　　　○二九―二二一―二七一四
栃　木　○一二〇―七一〇―八七三
群　馬　○二七―二二四―四三五六
埼　玉　○一二〇―三八一―八五八
　　　　○四八―六四一―〇五九九
　　　　○四八―六四七―六九七〇
　　　　○四八―五二三―六三四五
　　　　○四八―六〇一―三三八四
千　葉　○四三―二二三―〇一一〇
　　　　○一二〇―〇四八―一二四
神奈川　○四五―六八一―〇一一〇
　　　　○四五―四六一―〇一一〇
新　潟　○二五―二八一―七八九〇
山　梨　○五五―二二四―五一一〇
　　　　○五五―二三五―五三九六
長　野　○二六―二三四―八一一〇
　　　　○二六―二二六―四三五八
　　　　○二六三―三三一―二八九八
　　　　○二六五―五二一―二四五五
静　岡　○一二〇―七八三―八七〇
　　　　○五四―二五五―三一九七
　　　　○五三―四五二―〇三一八
　　　　○五五九―六二一―一三四五
富　山　○一二〇―七二一―八七三〇
　　　　○七六―四三三―六七一〇
石　川　○一二〇―〇二八―一一〇
福　井　○一二〇―二九―二一七〇

○七七六―二九―二二一○
岐阜　○一二○―八七○―七八三
○五八―二五三―三四三五
○一二○―七九四―三一○
愛知　○一二○―六七―七八三○
○五二―五六一―○一八四
○五三三―五六―七八三○
○五二―九六一―○八八八
三重　○一二○―七二―八七四○
○五九―二三三―○三三三
滋賀　○七七―五二五―七八三○
○七七―五二一―九六六二
京都　○七五―四一一―○一一○
○七五―六八二―○九一三
大阪　○六―六七六七―○一一○
○六―六八八五―一二三四
○六―六七六七―二一一○
兵庫　○七八―三五一―○一一○
○七八―二三二―一一○○
○七九二―二四―○一一○
○七八―三七一―七八三○
奈良　○七四二―二四―四一一○
和歌山　○七三―四三二―○一一○
鳥取　○八五七―二三―七一一○
島根　○一二○―一一○―二六七
○八五二―二七―○八六九
○八五二―二四―九一一○
岡山　○一二○―○○一―七九七
広島　○一二○―七二―○一一○
○八二―二六三―○三○○
山口　○一二○―三七八―三八七
○八三―九三二―七八三○
○八三四―二三一―七九七○
○八三―九七三―七九七○
○八三二―二三―七九七○
徳島　○八八―六二二―七一○一
香川　○八七―八三一―九一一○
愛媛　○一二○―三一―九一一○
高知　○八八―八七三―○一一○
○八八―八八四―九五九五
福岡　○九二―六三二―七八三○
○九二―四七一―五四七七
○九三―五四一―五八五八
佐賀　○九五二―二八―四一八七
長崎　○一二○―七八三―八一四
○九五―八二三―○一一○
○九五―八二九―○一一四
熊本　○一二○―八三四―三八一
○九六―三五二―四八八七
大分　○一二○―○九八―一一○
宮崎　○九八五―三一―八七四○
鹿児島　○九九―二○六―七八六七
沖縄　○九八―八六八―○一一○

## 〔弁護士会〕

| | |
|---|---|
| 東京 | 〇三—三五八一—二二〇一 |
| 第一東京 | 〇三—三五九五—八五八五 |
| 第二東京 | 〇三—三五八一—二二五五 |
| 横浜 | 〇四五—二〇一—一八八一 |
| 埼玉 | 〇四八—八六三—五二五五 |
| 千葉県 | 〇四三—二二七—八四三一 |
| 茨城県 | 〇二九—二二一—三五〇一 |
| 栃木県 | 〇二八—六二二—二〇〇八 |
| 群馬 | 〇二七—二三三—四八〇四 |
| 静岡県 | 〇五四—二五二—〇〇〇八 |
| 山梨県 | 〇五五—二三五—七二〇二 |
| 長野県 | 〇二六—二三二—二一〇四 |
| 新潟県 | 〇二五—二二二—三七六五 |
| 大阪 | 〇六—六三六四—〇二五一 |
| 京都 | 〇七五—二三一—二三三五 |
| 兵庫県 | 〇七八—三四一—七〇六一 |

| | |
|---|---|
| 奈良 | 〇七四二—二二—二〇三五 |
| 滋賀 | 〇七七—五二二—二〇一三 |
| 和歌山 | 〇七三—四二二—四五八〇 |
| 名古屋 | 〇五二—二〇三—一六五一 |
| 三重 | 〇五九—二二八—二二三二 |
| 岐阜県 | 〇五八—二六五—〇〇二〇 |
| 福井 | 〇七七六—二三—五二五五 |
| 金沢 | 〇七六—二二一—〇二四二 |
| 富山県 | 〇七六—四二一—四八一一 |
| 広島 | 〇八二—二二八—〇二三〇 |
| 山口県 | 〇八三—九二二—〇〇八七 |
| 岡山 | 〇八六—二二三—四四〇一 |
| 鳥取県 | 〇八五七—二二—三九一二 |
| 島根県 | 〇八五二—二一—三二二五 |
| 福岡県 | 〇九二—七四一—六四一六 |
| 佐賀県 | 〇九五二—二四—三四一一 |
| 長崎県 | 〇九五—八二四—三九〇三 |
| 大分県 | 〇九七—五三六—一四五八 |

| | |
|---|---|
| 熊本県 | 〇九六—三二五—〇九一三 |
| 鹿児島県 | 〇九九—二二六—三七六五 |
| 宮崎県 | 〇九八五—二二—二四六六 |
| 沖縄 | 〇九八—八三六—二二五一 |
| 仙台 | 〇二二—二二三—一〇〇一 |
| 福島県 | 〇二四—五三四—二三三四 |
| 山形県 | 〇二三—六二二—二二三四 |
| 岩手 | 〇一九—六五一—五〇九五 |
| 秋田 | 〇一八—八六二—三七七〇 |
| 青森県 | 〇一七—七七七—七二八五 |
| 札幌 | 〇一一—二八一—二四二八 |
| 函館 | 〇一三八—四一—〇二三二 |
| 旭川 | 〇一六六—五一—九五二七 |
| 釧路 | 〇一五四—四一—〇二一四 |
| 香川県 | 〇八七—八二二—三六九三 |
| 徳島 | 〇八八—六五二—五七六八 |
| 高知 | 〇八八—八七二—〇八三八 |
| 愛媛 | 〇八九—九四一—六二七九 |

## 〔民間団体〕

### 〈性暴力裁判全国ネットワーク〉

事務局　角田　由紀子（静岡弁護士会）　〇五五九―三三―七二三三
北海道　秀嶋　ゆかり（札幌弁護士会）　〇一一―二七一―八八八七
東　北　小島　妙子（仙台弁護士会）　〇二二―二二五―五一〇八
関　東　井口　博（第二東京弁護士会）　〇三―三三三四―〇二六八
東　海　角田　由紀子（静岡弁護士会）　〇五五九―三三―七二三三
甲信越　池田　桂子（名古屋弁護士会）　〇五二―二〇一―二八〇一
山田　万里子（名古屋弁護士会）　〇五二―九七二―〇〇九一
関　西　段林　和江（大阪弁護士会）　〇六―六三六四―三〇一四
長谷川　京子（神戸弁護士会）　〇七八―三三三―七八七七
中四国　大国　和江（広島弁護士会）　〇八二―二二七―九五〇七
九　州　辻本　育子（福岡弁護士会）　〇九二―七五一―八二二三

### 〈キャンパスセクシュアル・ハラスメント全国ネットワーク〉

事務局　菊地　るみ（高知大学教育学部）
〇八八―八四四―八三九五
北海道　大國　充彦（札幌学院大学社会情報学部）
〇一一―三八六―八一一一
中島　和歌子（北海道教育大学札幌校）
〇一一―七七八―〇三九九
東　北　沼崎　一郎（東北大学文学部）
〇二二―二一七―六〇四一

関東
高橋　準（福島大学行政社会学部）
〇二四―五四八―八二七〇
田中　かず子（国際基督教大学）
〇四二二―三三―三二八〇
戒能　民江（お茶の水女子大学生活科学部）
〇三―五九七八―五七八九

関西
牟田　和恵（甲南女子大学文学部）
〇七八―四一三―三二〇二
石元　清英（関西大学社会学部）
〇六―六三六八―〇七〇五

北陸
高島　智世（金城大学社会福祉学部）
〇七六―二七六―四四〇〇
梅村　智恵子（富山大学人文学部）
〇七六―四四五―六一七〇

東海
武田　万里子（金城学院大学現代文科学部）
〇五二―七九八―〇一八〇
北仲　千里
〇五二―八八三―〇一四一

中国
SHE　WILL広島
〇八二―二九四―〇一五七
笹倉　万里子（岡山大学工学部）
〇八六―二五一―八二四七

四国
内田　由理子（詫間電波高等専門学校）
〇八七五―八三―八五三九

九州
窪田　由紀（九州国際大学法学部）
〇九三―六七一―九〇一九
森川　晴
〇九二―八一二―二九三六

沖縄
野底　武浩（琉球大学工学部）
〇九八―八九五―八六一六
浦崎　成子
〇九八―九四六―一五八三

〈性暴力被害者支援グループ〉

北海道　女のスペース・おん
〇一一―六二二―六四〇四

ウィメンズネット旭川
〇一六六－二四－一三八八
東北　ハーティ仙台（仙台女性への暴力防止センター）
〇二二－二二五－八八〇一
甲信越　女のスペース・にいがた
〇二五－二三一－三〇一二
関東　女のアクセスライン　ウイズユウ
〇三－三六四一－七八八三
女のサポートライン
〇三－三七六一－八一五一
東京・強姦救援センター
〇三－三二〇七－三六九二
女性ユニオン東京
〇三－五三五二－六六三〇
コミュニティ・ユニオン全国ネットワーク
〇三－五三三八－一二六六
女性の家ＨＥＬＰ（ヘルプ）
〇三－三三六八－八八五五
ＡＷＳ女性シェルター
〇三－三八二八－一六〇八
女のホットライン
〇四二－二二－七一－〇〇九一
かながわ・女のスペース〝みずら〟
〇四五－四五一－〇七四〇
女性の家サーラー
〇四五－九〇一－三五二七
東海　エンパワメント女たちの会
〇五二－七六四－七八六七
関西　ウイメンズ・サポートオフィス
〇七八－七三一－〇三二四
九州　女性への暴力ホットライン
〇九二－七二五－七四九七

〈フェミニスト・カウンセラー／カウンセリングルーム〉

北海道　カウンセリングルーム　ぽれぽれ
〇一一－六一三－八〇四〇

東　北　フェミニスト・カウンセリングルーム・in仙台
〇二二－二六八－一六七〇
ミカ&アソシエーツ
〇二二－二一四－〇二五二
関　東　フェミニストセラピィ〝なかま〟
〇三－三三五九－〇九〇二
甲信越　東京フェミニストセラピィセンター
〇三－五六〇八－〇一一七
フェミックス
〇三－三四二四－三六〇三
東　海　浜松女性のためのカウンセリングルーム
〇五三－四五三－六二五二
フェミニストカウンセリングなごや
〇五二－七六四－〇三一一
女性のための相談室　カウンセリングルーム・おき
〇五二－八八三－一四六九
関　西　ウィメンズカウンセリング京都
〇七五－二二二－二一三三
ウィメンズセンター大阪
〇六－六九三三－七〇〇一
こころの相談室ウーマン
〇六－六三五四－八九九九
大阪心のサポートセンター
〇六－六九四四－八三四五
フェミニストカウンセリング堺
〇七二－二四－〇六六三
フェミニストカウンセリング神戸
〇七八－三六〇－六二一一
四　国　ウィメンズカウンセリング徳島
〇八八－六三三－五五六六
九　州　福岡女性センター（通称：アミカス）
〇九二－五二六－三七八八
こころのサポートセンター・ウィズ
〇九六－三三九－〇二七六

## 〈年表—セクハラに関する主な出来事〉

一九七六年　アメリカ連邦地裁が初めてセクシュアル・ハラスメントを公民権法違反と認定
八〇年　アメリカEEOC（男女雇用平等委員会）がセクシュアル・ハラスメントを公民権法違反としてガイドライン作成
八五年　五月　男女雇用機会均等法成立（→八六・四施行）
　六月　ILO総会「雇用における男女の均等な機会及び待遇に対する決議」
　日本が女子差別撤廃条約を批准
　七月　国連婦人の一〇年世界会議（ナイロビ）
八六年　六月　アメリカ連邦最高裁がEEOCのガイドラインを支持し、環境型セクシュアル・ハラスメントを認定（ヴィンソン判決）
八九年　六月　女性雑誌「モア」セクハラ特集（→同年の流行語大賞）
　八月　福岡セクシュアル・ハラスメント裁判提訴
九二年　福岡セクシュアル・ハラスメント裁判一審判決
九三年　国連総会「女性に対する暴力撤廃宣言」
九五年　第四回世界女性会議（北京）
九六年　アメリカEEOCが米国三菱自動車工業会社をセクハラ放置で提訴（約二二〇億円）
九七年一一月　東京高裁が横浜セクシュアル・ハラスメント裁判で逆転判決（「密室」のセクハラを認定）
　一二月　労働省「職場におけるセクシュアル・ハラスメント調査研究会報告書」
九九年　四月　改正男女雇用機会均等法施行→セクハラについて事業主に配慮義務を課す。人事的規則（セクシュアル・ハラスメント）施行
　五～七月　仙台地裁がセクハラを認定する判決を相次いで出す
　六月　男女共同参画社会基本法成立
　一二月　横山ノックセクハラ事件
二〇〇〇年　六月　強姦等の性犯罪の告訴期間撤廃
　一一月　「ストーカー規制」法施行
〇一年　四月　「DV防止」法施行
　雇用保険の「特定受給資格者」にセクハラによる退職が含まれる

〈参考文献〉

・上野千鶴子編『キャンパス性差別事情――ストップ・ザ・アカハラ』三省堂、一九九七年
・渡辺和子・女性教育ネットワーク編著『キャンパス・セクシュアル・ハラスメント――調査・分析・対策』啓文社、一九九七年
・産業労働総合研究所編『人事スタッフのための職場セクハラ防止マニュアル』経営書院、一九九八年
・人事院セクシュアル・ハラスメント研究会編『公務職場におけるセクシュアル・ハラスメント防止対策の手引き』公務研修協議会、一九九八年
・福島瑞穂・金子雅臣・中下裕子・池田理知子・鈴木まり子『セクシュアルハラスメント〔新版〕』有斐閣、一九九八年
・労働省女性局編『職場におけるセクシュアル・ハラスメント防止マニュアル』二一世紀職業財団、一九九八年
・奥山明良『職場のセクシュアル・ハラスメント』有斐閣、一九九九年
・金子雅臣『事例・判例でみるセクハラ対策』築地書房、一九九九年
・キャンパス・セクシュアル・ハラスメント・全国ネットワーク編『キャンパス・セクシュアル・ハラスメント・ガイドラインの手引き』ひだまり出版、一九九九年
・(財)二一世紀職業財団編『職場のセクシュアル・ハラスメント防止のために』財団法人二一世紀職業財団、一九九九年
・日経連出版部編『セクハラ防止ガイドブック』日経連出版部、一九九九年
・山崎文夫『セクシュアル・ハラスメントの法理』総合労働研究所、二〇〇〇年
・アリアン・ラインハルト・ILO東京支局監訳『セクシュアル・ハラスメント』日科技連、二〇〇〇年
・宮田加久子・角田由紀子・渋谷秀樹・萩原玉味・上野千鶴子・京藤哲久・加藤秀一『セクシュアル・ハラスメント――キャンパスから職場まで』信山社、二〇〇〇年
・角田由紀子『性差別と暴力――続・性の法律学』有斐閣、二〇〇一年
・沼崎一郎『キャンパス・セクシュアル・ハラスメント対応ガイド』嵯峨書房、二〇〇一年
・水谷英夫『セクシュアル・ハラスメントの実態と法理』信山社、二〇〇一年

# おわりに

## ──法制度を活用して明るい社会に

しばしば一つの言葉が、それまで私達の社会の多くの人々あるいは一部の人々が共通に経験したり、人々の意識の底や社会の中に澱（おり）のように沈殿していたものを一つに結びつけて、一挙に社会問題として顕在化させることがあるものです。「セクシュアル・ハラスメント」という言葉は正にこのようなものとして私達の社会に登場したと言えるでしょう。私達は、「セクシュアル・ハラスメント」（＝相手方の意に反する不快な性的言動）という言葉を得ることによって、それまで職場や教育現場等で、私達の多くが共有してきた「不快な性的言動や経験」（例えば、コンパ等の席上で上司や教官から身体を触られたり、採用面接の際に「君は処女かね」等と言われたりする）──従来、その原因や社会的・法的意味が明らかにされないまま、単なる「個人の趣向や性向の問題」にされて（「触ったって減るもんじゃないだろう！」、「そんなことでいちいち文句を言うもんじゃないよ！」等々）、黙認、黙殺されてきた事柄──が、実は、社会的にみると構造的な性格をもった問題であり、法的にみると違法不当なものとして問題とされるべきものであるとの認識を共有するに至ったのです。

セクシュアル・ハラスメントは、主として職場や教育現場等で、上司や教師等が自らの地位や権限を濫用して、部下や学生・生徒等に性的関係を迫る等の性的言動をするものであり、それ自体極めて卑劣な行為です。それにもかかわらずセクシュアル・ハラスメントの「事実」が発覚するや、加害者は、多くの場合「覚えていない」とか「合意だった」などと弁解に終始し、それに対して、職場や教育現場での調査担当者も、「同僚を裁くのは難しい」などと言って、最初から「腰の引けた」調査に終始することが多く（それなら最初から調査などしなければよいのです！）、被害者がやむなく弁護士や警察等に相談に行ってはじめて「大騒ぎ」になることが多いと言えましょう（セクシュアル・ハラスメントの「加害者」が、職場や教育現場で将来を嘱望される人材であったりするとなおのことこの傾向は強くなるでしょう）。しかもセクシュアル・ハラスメントの「事実」が明らかとなって、加害者が懲戒処分にされたりすると、「奥さんが気の毒だ」「あの人はいい人だった」などと、「加害者」に同情する声が聞かれたりするものです（それなら最初からセクシュアル・ハラスメントなどするべきではないのです！）。

セクシュアル・ハラスメントは人々の基本的人権（性的自由等の人格権）を侵害するばかりか、職場や教育現場を著しく悪化させるものであり、このような違法不当な行為を社会から排除することによってこそ、安心して仕事をしたり研究・勉強をしたりすることが可能な社会が実現できると思います。

本書は私が先に著した『セクシュアル・ハラスメントの実態と法理』（信山社、二〇〇一年五月）をわかりやすく解説したものであり、なお詳細をお知りになりたい読者は同書を参照していただければ幸いです。信山社の村岡侖衛氏には、今回も本書執筆に際し、企画から今日まで辛抱強く御協力をいただき感謝する次第です。